Pierre Lefèvre (Hg.)

Schätze der Spiritualität

Pierre Lefèvre (Hg.)

Schätze der Spiritualität

Die Weisheit der Heiligen Europas

Verlag Josef Knecht
Frankfurt am Main

Gedruckt auf umweltfreundlichem,
chlor- und säurefrei gebleichtem Papier

Originalausgabe

Satz: Dtp-Satzservice Peter Huber, Freiburg
Druck und Bindung: fgb · freiburger graphische betriebe 2004
www.fgb.de
Umschlaggestaltung: eberleundkaiser werbeagentur GmbH
Umschlagmotiv: Der hl. Franz predigt den Vögeln,
Fragment eines Psalteriums, das vermutlich aus einem
Klarissenkloster stammt, um 1230–1240.
Karlsruhe, Badische Landesbibliothek, cod. 410 (b)

ISBN 3-7820-0882-0

Inhaltsverzeichnis

Vorwort

Der Mensch kommt nicht fertig auf die Welt. Er muß in seinen jungen Jahren eine ganze Menge lernen. Er muß vor allem zwei Dinge lernen, und zwar das Wie und das Wozu. Wie man läuft, wie man redet, wie man liest und schreibt, wie man rechnet und arbeitet.

Aber was hilft es mir, wenn ich mit allen Fertigkeiten durch bin und mich heute Abend aufhängen will, weil mir das Leben sinnlos vorkommt?

So muß der junge Mensch unbedingt ein Zweites lernen, nämlich *wozu* er leben soll.

In der Christenlehre heißt es: Wir sind auf Erden, um Jesus zu kennen, zu lieben und zu dienen.

Das WIE und das WOZU haben wir Europäer von der Antike und vom Evangelium gelernt. Die alten Griechen, vor allem Aristoteles, und die Römer haben uns die *Sachlichkeit* beigebracht: die Beherrschung der Natur durch genaue Beobachtung der Dinge. So hat es Louis Pasteur zum Beispiel fertiggebracht, viele Infektionskrankheiten durch Beobachten und Experimentieren sachgemäß zu heilen.

Seit tausend Jahren ist Europa von einer christlichen Kultur geprägt. Von Santiago de Compostela bis Kiew wissen die Europäer, daß sie auf Erden sind, um zu *lieben*: um Gott zu lieben, indem sie seinen Willen tun; um den Nächsten zu lieben, indem sie ihm Gutes tun wollen und nach Möglichkeit auch Gutes tun. Denn das Gesetz des Evangeliums heißt Lieben.

Jetzt können wir die große Frage beantworten: ‚Was ist Europa?‘ Europa ist eine Kultur. Die Amerikaner sagen: ‚A Way of Life‘. Diese Kultur gründet auf griechischem Denken, christlichem Glauben und römischem Recht. Und so steht EUROPA zwischen E und A, das heißt zwischen

Evangelium und Antike. Natürlich ist die Frage nach dem *Wozu*, nach dem *Sinn* viel wichtiger als die Frage nach dem *Wie*, also viel wichtiger als die Aneignung von Fertigkeiten. Und so sind die besten Europäer diejenigen, die Gott und den Nächsten von Herzen lieben. Das sind die Heiligen. Ob sie heiliggesprochen sind oder nicht, spielt hier keine Rolle.

Die großen Heiligen Europas haben Sachlichkeit und Liebe so wunderbar verbunden, daß sie über Jahrhunderte hinweg kulturschaffend gewirkt haben. Man sieht es schon im 1. christlichen Jahrtausend bei den Schutzpatronen Europas: Benedikt, Cyrill und Methodius.

In der Mönchsregel von Benedikt wird die bündige sachliche Kraft des römischen Rechts beseelt durch die christliche Liebe, etwa gegenüber den Fremden, den Sklaven, den Alten und den Kranken.

Der heilige Cyrill erfindet ein neues Alphabet, das auch die slawischen Laute wiedergibt und heute noch cyrillische Schrift genannt wird.

Zusammen mit seinem Bruder Methodius haben diese Apostel der Slawen dann das ganze menschliche und christliche Erbe in dieser neuen Schrift den Ostvölkern vermittelt.

Europa ist in der Tat aus diesen beiden Quellen entstanden: Benedikt und seine Mönche im Westen, Cyrill und Methodius im Osten.

Noch am Ende des zweiten Jahrtausends sieht man die Früchte dieser Verbindung von Sachlichkeit und Liebe. Ich denke an den letzten Heiligen dieses Buches: Johannes XXIII. Sein Rundschreiben ‚Pacem in terris – Friede auf Erden‘ von 1963 zeigt einen gangbaren Weg zum Weltfrieden, der sowohl auf dem gesunden Menschenverstand als auch auf dem Evangelium gründet.

Pierre Lefèvre

Don Bosco

Gedanken

Einführung

„Wann war Ihre letzte Beichte?" fragte Don Bosco. Der Mann dachte nach. „Vor zehn Jahren." „Also, das macht dann 10 Franken", sagte der Priester gelassen. „Wieso, ich dachte, die Lossprechung sei kostenlos!" „Was? Sie haben das gewußt?" staunte Don Bosco. „Warum haben Sie dann *zehn Jahre* gewartet?"

Das war Don Bosco. Ein Mann, der auch im Beichtstuhl einen Spaß zu machen wußte. Er lebte eben in der Freiheit der Kinder Gottes.

Die Freiheit! Für ihn war das kein abstrakter Begriff. Eines Tages nahm er sich vor, ganz alleine mit 300 jungen Sträflingen einen Ausflug in die freie Natur zu machen. Nach viel Widerstand wurde es ihm von den Turiner Autoritäten gewährt. Man rechnete mit schweren „Verlusten". Am Abend wollte der Gefängnisleiter seinen Augen nicht trauen: kein einziger der 300 jungen Häftlinge fehlte.

Kein Wunder, daß Don Bosco (1815–1888) als einer der größten Erzieher überhaupt gilt. Seine Methode ist interessant: „In jedem jungen Menschen gibt es einen Punkt, wo er dem Guten zugänglich ist."

Nach meiner Erfahrung zeigt sich dieser Punkt sehr oft in einer packenden Kurzgeschichte.

JANUAR

Möchtest du, daß man dir gehorcht,
so sieh zu, dass man dich liebt.
Möchtest du, daß man dich liebt,
so schenke Liebe!

1

Wenn du etwas anordnest oder beanstandest,
dann lasse immer durchblicken, daß du das Beste willst
und nicht deinen Kopf durchzusetzen beabsichtigst.

Das Wohl der Gesellschaft und der Kirche
beruht auf einer guten Erziehung.

2

In jedem jungen Menschen – auch im schlimmsten –
gibt es einen Punkt, wo er dem Guten zugänglich ist.
Die erste Pflicht des Erziehers ist,
diesen Punkt zu suchen und auszuwerten.

Die Sanftmut im Reden, im Handeln und im Ermahnen
gewinnt alle und alles.

3

Man müßte vor allem das gerne tun,
was den Kindern Freude macht. Dann werden diese
auch gerne tun, was uns Freude macht.

Die Jugend ist wie eine immer laufende Mühle.
Schüttet man gutes Korn hinein, so wird gutes
Mehl daraus. Gibt man jedoch verdorbenes hinein,
so wird auch das Mehl schlecht.

4

Man gewähre weitreichende Freiheiten.
Zu bestimmten Stunden verlange ich Stillschweigen.
Aber sonst dürfen meine Jungen schreien und singen,
wie sie Lust haben. Ich sage ihnen nur:
„Laßt mir wenigstens die Mauern stehen!"

Einem Kind, das noch nicht zwölf Jahre alt ist,
fällt es schwer, Großes zu vollbringen,
weder im Guten noch im Bösen;
andererseits fällt es dem Jugendlichen ab 18 Jahren
schon ziemlich schwer, eingefleischte Gewohnheiten
abzulegen.

5

Meine Erziehungsmethode stützt sich ganz auf
die Worte des hl. Paulus:
„Die Liebe ist gütig; sie erträgt alles, sie glaubt alles,
sie hofft alles, sie hält alles aus."

Der Lehrer, den man auf seinem Katheder sieht,
ist nur Lehrer. Aber sobald er mit der Jugend
die Erholung teilt, wird er zum Bruder.

6

Behandle deine Schüler wie Brüder. Güte, Mitgefühl
und Rücksicht, das sind die Schlüssel zu ihren Herzen.

Man erreicht mehr mit einem freundlichen Blick,
mit einem Wort der Ermunterung, das Vertrauen einflößt,
als mit vielen Vorwürfen.

7

Wer geliebt wird, erreicht alles, besonders bei der Jugend.

Unsere Kraft ist moralischer Art.
Der Staat kann Paragraphen aufstellen und strafen.
Wir reden vor allem zum Herzen
und reden im Namen Gottes.

8

Die traurigen Tage gewisser Verirrungen vergessen und vergessen lassen, ist höchste Kunst eines tüchtigen Erziehers.

Es ist recht schwierig, in den Jugendlichen die Freude am Beten zu wecken. Denn ihr unbeständiges Alter läßt ihnen alle ernste Aufmerksamkeit als abstoßend und lästig erscheinen.

9

Glücklich, wer von Jugend auf zu beten lernt
und Freude daran hat.

Wollt ihr etwas Gutes tun?
Erzieht die Jugend.
Wollt ihr etwas Heiliges tun?
Erzieht die Jugend.
Wollt ihr etwas Göttliches tun?
Erzieht die Jugend.

10

Man kann über die verschiedenen Erziehungsmethoden sagen, was man will; ich persönlich finde keine bessere Grundlage der Erziehung als den häufigen Empfang von Beichte und Kommunion.

Die Liebe findet immer wieder Gründe, um zu loben.

11

Lieben heißt: das Glück des andern suchen.

In allem wollen wir Gott anbeten – in Freude und Leid. Seien wir sicher, daß Er als guter Vater uns nicht über unsere Kräfte prüfen wird.

12

Manches scheint dir jetzt wie Dorngestrüpp; aber Gott wird es in Blumen verwandeln. Ein Blick auf das Kreuz und ein „Herr, dein Wille geschehe", das ist alles, was Gott von dir verlangt.

Je reifer man mit den Jahren wird, umso mehr schwinden die Illusionen, die man über das Leben hat, desto mehr merkt man, daß nur die Religion zuverlässig ist und den Menschen erfüllen kann.

13

Sie fragen:
„Wie soll man mitten im Trubel der Welt
mit Gott verbunden bleiben?"
Ich antworte:
„1. Jeden Morgen Messe und Betrachtung
2. Gegen Abend eine kurze geistliche Lesung ..."

Nehmen wir den Fall: Da hat einer tausend Franken Einkommen, könnte aber leicht mit achthundert auskommen; die übrigen zweihundert fallen also unter die Aufforderung: „Gebt Almosen".

14

Aber, werdet ihr sagen: Es gibt unvorhergesehene Ausgaben, Mißernten, schlechte Zeiten.
Darauf antworte ich: Wenn Gott euch jetzt schon hilft, wird Er euch dann nicht erst recht helfen, wenn ihr aus Liebe zu ihm gegeben habt?

Die wirtschaftliche Krise soll Sie nicht belasten.
Sie fürchten, bei geringerer Einnahme arm wie Hiob zu werden? Nein.
Gott verspricht uns das Hundertfache *auf dieser Erde;* also gebt, und es wird euch gegeben werden.

15

Wie oft erlebten wir, daß sich die wirtschaftliche Lage von wenig bemittelten Wohltätern merklich besserte, sobald sie anfingen, unsere Waisenkinder großzügig zu unterstützen.

Fröhlich sein, Gutes tun und die Spatzen pfeifen lassen.

16

Der Teufel hat vor fröhlichen Menschen Angst.

Mir ist eine beständig geübte bescheidene Tugend lieber als eine außergewöhnliche. Halten wir uns an leichte Dinge, aber halten wir dann auch durch.

17

Die Tugenden, die dich im Diesseits und im Jenseits glücklich machen, sind Demut und Liebe.

Vergebt und vergeßt bedingungslos und endgültig, was Euch in der Vergangenheit etwa an Unrecht oder durch Beleidigungen zugefügt wurde.

18

Stört dich der Satan in deinen Angelegenheiten, so störe du ihn in s e i n e m Tun durch einen Verzicht, ein Stoßgebet oder durch deinen Einsatz für die Sache Gottes.

Bedenke, o Christ, die drei wesentlichen Gründe, die uns zum Vertrauen auf Maria ermutigen sollen:
Maria ist heiliger als alle Geschöpfe,
Maria ist die Mutter Gottes,
Maria ist unsere eigene Mutter.

19

Stelle dich mit kindlichem Vertrauen unter den Schutz Mariens!
Noch nie hat jemand seine Zuflucht zu ihr genommen, ohne gehört worden zu sein.

Gib dir Mühe, entwirf Pläne ohne Rücksicht auf Unkosten, damit du einen Priester mehr für die Kirche, vor allem für die Mission, gewinnst.

20

Du willst einen Rat für deinen Apostolat? Nun denn: Kümmere dich vor allem um die Kinder, die Alten und die Kranken, und du wirst die Herzen aller gewinnen.

So wie ein Arzt, wenn er den ganzen Ernst einer Krankheit erkannt hat, sich freut, weil er jetzt das geeignete Heilmittel anwenden kann, so freut sich auch der Priester – der Arzt unserer Seele – über eine gute Beichte.

21

Leidest du unter Skrupeln, so kannst du dich davon nur durch den Gehorsam deinem Seelenführer gegenüber befreien. Merke dir also: dem Gehorsamen ist der Sieg verheißen.

Bei unreinen Gedanken leiste sofort Widerstand! Nimm bei Tage gleich eine Arbeit zur Hand, bei Nacht aber höre nicht auf zu beten, bis der Schlaf dich übermannt.

22

Flieht jeden Fehler gegen die Lauterkeit. Schon Paulus sagt: „Worte und Werke, Gedanken, Wünsche und Blicke gegen die Reinheit sollen unter euch nicht einmal genannt werden."

Glaube fest an die Gegenwart Jesu im Sakrament!
Wenn du irgend eine Hilfe brauchst,
bitte Ihn vertrauensvoll darum;
du wirst sie sicher erhalten.

23

Ich sah schon manche in die Kirche gehen, ohne daß es so aussah, als würden sie einen heiligen Ort betreten, manche die Predigt anhören, ohne das geringste Wort zum Wohle ihrer Seele mit heimzunehmen.

Wenn wir unseren Körper so oft mit Nahrung stärken, warum sollten wir dann nicht oft, ja täglich, unsere Seele mit der geistigen Nahrung, d.h. der heiligen Kommunion stärken?

24

Jesus ist nicht gekommen, die ‚Gerechten' zu seinem Mahle zu laden, sondern die Schwachen und Müden. Denn Er sagt: „Kommt alle zu mir, die ihr erschöpft und niedergeschlagen seid. Ich will euch wieder aufrichten."

Wenn wir anfangen, Schätze zu sammeln, wird uns die Vorsehung den Rücken kehren.

25

Halte dich fest an Gott.
Mach's wie der Vogel, der doch nicht aufhört zu singen,
auch wenn der Ast bricht.
Denn er weiß, daß er Flügel hat.

Die Ordensgelübde sind eine heroische Hingabe,
durch die unsere Werke sehr an Verdienst zunehmen.

26

Denn ohne Gelübde sind unsere Werke wie die Früchte des Baumes. Wer aber die gleichen Werke in den Gelübden vollbringt, der schenkt Gott mit der Frucht den Baum selbst.

Wenn es um das Wohl gefährdeter Jugend
oder um die Rettung der Seelen geht,
wage ich tollkühn das Äußerste.

27

Das wirksamste Mittel, uns die Verzeihung der Sünden und das ewige Leben zu erlangen, ist die Liebe zu den verwahrlosten Kindern; denn Christus sagt: „Was ihr dem Geringsten getan habt, habt ihr Mir getan."

Die Gesundheit des Körpers liegt in Gottes Hand,
die der Seele in unseren Händen.

28

O Maria, erwirke uns von Jesus die körperliche Gesundheit, wenn sie für die Seele gut ist, aber sichere uns vor allem das ewige Heil.

Jede Art Gift ist weniger gefährlich als schlechte Bücher.

29

Wer eine gute Kleinschrift weitergibt, der hat vor Gott ein unvergleichliches Werk getan.

Am Letzten jeden Monats soll man sich auf die letzte Stunde besinnen. Man ordne zeitliche und seelische Belange, als ob man diese Welt verlassen müßte.

30

Ich lege euch ans Herz, täglich kurz in einem Buch zu lesen, das von geistlichen Dingen handelt, wie etwa die Nachfolge Christi oder die Philotea von Franz von Sales.

Jesus Christus muß das Vorbild eines jeden Christen sein. Niemand kann sich rühmen, Christus anzugehören, wenn er sich nicht müht, Ihn nachzuahmen.

31

Wie groß ist doch die Güte des Herrn, der uns die Möglichkeit gibt, am Heil der Seelen mitzuwirken. Ja, in unserer Hand liegt das ewige Heil vieler Seelen.

Der Pfarrer von Ars

Gedanken

Einführung

Jean-Marie Vianney (1786–1859) war Pfarrer des kleinen Dorfes Ars in der Nähe von Lyon (Frankreich).

Der Pfarrer von Ars war kein Gelehrter: er war ein Erleuchteter. Als einst eine Nonne zu ihm sagte: „Mein Vater, man behauptet, Sie seien ein unwissender Mensch!" antwortete er voller Heiterkeit: „Das bin ich auch! Aber trotzdem werde ich Ihnen mehr Ratschläge geben, als Sie ausführen werden."

Dreißig Jahre lang haben jährlich bis hunderttausend Menschen den armen Landpfarrer aufgesucht. Für unzählige Zeitgenossen war Vianney der große Seelenarzt. Er kannte die menschlichen Schwächen; er kannte vor allem die Mittel, sie zu heilen.

FEBRUAR

Um den Menschen Gutes zu tun, muß man sie lieben.

1

Warum gibt es so viel Laue,
Haltlose und Gleichgültige?
Darum, weil man sich nicht täglich
der Besinnung widmet.

Der Mensch wurde aus Liebe geschaffen;
darum drängt es ihn so sehr zu lieben.

2

Ohne die Liebe, jene kostbare Tugend,
ist unsere Religion nur ein Trugbild!

Leichter ist es,
in den Himmel zu kommen als in die Hölle,
so groß ist die Barmherzigkeit Gottes.

3

Was Gott vor allem verlangt, ist Vertrauen.
Wenn wir Ihm unsere Anliegen anvertrauen,
dann kann Er wegen seiner Gerechtigkeit und Güte
nicht anders, als uns helfend beistehen.

Ich weine bitterlich,
wenn ich die Trennungen erwäge,
die unter meinen Brüdern in Christo herrschen.

4

Eine Stunde Geduld ist mehr wert
als mehrere Tage Fasten.

Gott will unser Glück, aber wir wollen es nicht.
Wenn es um unser Vermögen ginge, was täten wir da alles?
Aber da es nur um unsere Seele geht, tun wir nichts.

5

Die ganze Welt kann eine unsterbliche Seele nicht mehr befriedigen, als ein Fingerhut voll Mehl einen Hungernden sättigen kann.

Wir leben wie der Wind …
Alles geht im Flug vorüber, alles überstürzt sich.

6

Wenn ihr die Liebe zu Gott nicht habt, seid ihr bettelarm.
Ihr seid wie ein Baum ohne Blüten und ohne Früchte.

Das Kreuz ist das lehrreichste Buch, das man lesen kann.
Wer dieses Buch nicht kennt, ist ein Unwissender,
selbst wenn er alle anderen Bücher gelesen hätte.

7

Alles ist gut, wenn wir unser Kreuz richtig tragen.

Der Teufel lenkt uns ab bis zum letzen Augenblick,
wie man einen armen Kerl ablenkt, bis die Polizei ihn abholt.

8

Was der Teufel am meisten fürchtet, das ist die Demut.

Die Liebe zu Gott ist das erste und größte aller Gebote;
sie ist, wie Paulus sagt, die Fülle des Lebens.

9

Mein Geheimnis ist sehr einfach, nämlich alles schenken
und nichts behalten.

Man soll nicht von sich sprechen,
weder im Guten noch im Schlechten.

10

Die Hölle ergibt sich aus der Liebe Gottes.
Die Verdammten werden rufen:
„Oh! Wenn uns doch Gott nicht so sehr geliebt hätte,
würden wir weniger leiden.
Die Hölle wäre nicht mehr die Hölle.
Aber so geliebt worden zu sein! Welch eine Qual!"

Jene, die vom Heiligen Geist geführt sind, denken richtig.
Darum gibt es so viele Ungelehrte, die mehr wissen
als die Gelehrten.

11

Ein Christ, der vom Heiligen Geist geführt ist,
verzichtet leicht auf die irdischen Güter, um nach den
himmlischen zu streben.
Denn er kennt wohl den Unterschied.

Wie schön, wie herrlich ist es doch,
Gott zu erkennen, ihn zu lieben und ihm zu dienen!
Wir haben auf Erden nichts anderes zu tun.
Alles weitere ist verlorene Zeit.

12

Könnten sich doch alle Menschen damit beschäftigen, Dich, o mein Gott, im Innern zu lieben, obwohl jeder nach außen hin seinen Geschäften nachgeht.

Der Priester soll vor allem ein Mann des Gebetes sein.

13

Welch ein Unheil:
Ein Priester ohne Innenleben!
Aber dazu gehört Ruhe, Schweigen, Einsamkeit.

Unsere Fehler sind Sandkörner im Vergleich zu dem mächtigen Berg der göttlichen Barmherzigkeit.

14

Man darf nicht auf den Teufel hören, der immer, nachdem er uns zu einer Sünde verleitet hat, versucht, uns in die Verzweiflung zu treiben.

Ohne das Sakrament der Buße
wären wir wirklich arm dran.

15

Wir müssen mehr Zeit darauf verwenden,
Reue zu erbitten, als unser Gewissen zu erforschen.

Wie Salz streuen wir Stolz über all unser Tun.

16

Wenn wir aus Stolz sündigen,
dann sagen wir zu Gott,
daß wir von allem unabhängig sind.

Was macht das Ordensleben so verdienstvoll?
Es ist der andauernde Verzicht auf den eigenen Willen,
jenes beständige Absterben dessen,
was in uns am stärksten lebt.

17

Wie viele Seelen können wir durch unser Beten bekehren.
Wer eine Seele vor der Hölle rettet, der rettet nicht nur
diese, sondern auch seine eigene.

Die Heiligen haben keinen Haß, keine Verbitterung;
sie verzeihen alles.
Aber schlechte Christen sind nachtragend.

18

Ein armer Mensch, verleumderischen Zungen ausgeliefert, gleicht einem Getreidekorn, das unter dem Mühlstein zerrieben, zermalmt und gänzlich zerstört wird.

Die Versuchung ist ein Mittel, den Himmel zu gewinnen. In der Tat, welches Verdienst hätten wir, in der kurzen Zeit unseres Lebens Gutes zu wirken, wenn wir keine Versuchungen hätten?

19

Opfert die Versuchung auf, um die Bekehrung der Sünder zu erbitten: das ärgert den Teufel und treibt ihn in die Flucht. Die Versuchung wendet sich nämlich gegen ihn. Wohlan, hernach wird er euch in Ruhe lassen.

Gegen die Versuchung sind drei Dinge unerläßlich: das Gebet, um klar zu sehen, die Sakramente, um stark zu bleiben, und die Wachsamkeit, um vorzubeugen.

20

Wenn der Teufel jemanden zugrunde richten will, beginnt er damit, ihm einen großen Widerwillen gegen das Gebet einzuflößen.

Wenn wir Gott liebten,
wären wir glücklich, leiden zu dürfen
aus Liebe zu jenem, der für uns leiden wollte.

21

Eines Tages werden wir erkennen, daß wir die Gerechtigkeit Gottes zufriedengestellt hätten, wenn wir nur die unvermeidliche Last des Alltags ertragen hätten.

Unser Herr Jesus Christus ist unser Vorbild: Nehmen wir also unser Kreuz auf uns und folgen ihm!

22

Fragen wir nie, woher die Prüfungen kommen: sie kommen von Gott. Denn Er ist es, der uns damit die Möglichkeit gibt, Ihm unsere Liebe zu beweisen.

Die Tugend fließt aus dem Herzen der Mütter in das der Kinder: denn Kinder tun gern, was sie tun sehen.

23

Züchtigt eure Kinder niemals im Zorn; wartet immer, bis ihr ruhig seid.

Die Lauterkeit ist eine Gabe Gottes.
Man muß Ihn darum bitten.
Wenn wir es tun, werden wir sie erhalten.
Wir müssen nur darauf achten, sie nicht zu verlieren.

24

Um die Lauterkeit zu erhalten, gibt es drei Mittel:
die Gegenwart Gottes, das Gebet und die Sakramente. –
Gut ist es auch, die Bücher der Heiligen zu lesen:
sie sind Nahrung für die Seele.

Wenn wir die Reinheit der Seele und des Körpers
erhalten wollen, müssen wir unsere Einbildungskraft
in Zucht nehmen.

25

Mit Spiel und Zerstreuung muß man wie mit
Medikamenten umgehen: sie dürfen weder gefährlich
noch zu häufig sein.

Erhaltet den guten Ruf eurer Feinde.

26

Wie viele werden uns beim jüngsten Gericht vorwerfen:
„Wenn ihr auf unsere Beleidigungen nur mit Güte
und Liebe geantwortet hättet, wären wir jetzt gerettet."

Wer viel hat, der gebe viel. Wer wenig hat, der gebe wenig; aber jeder gebe gern und von Herzen!

27

Wie viele halten ihr Geld hinter Schloß und Riegel, während so viele Arme Hungers sterben.

Euer Hab und Gut ist nur eine Leihgabe, die Gott in eure Hände gelegt hat; behaltet das Notwendigste für euch und eure Familie, das Übrige gehört den Armen.

28

Durch Geld allein wird die Liebe nicht verwirklicht.

Die Armen darf man nie verachten; denn diese Mißachtung fällt auf Gott zurück.

29

Welch ein Glück, daß die Armen mit ihren Bitten zu uns kommen. Kämen sie nicht, müßten wir sie aufsuchen, und dazu hat man nicht immer Zeit.

Thomas More

Gedanken

Einführung

„Ein Mann für alle Jahreszeiten“. Durch dieses Meisterwerk wurde Thomas More, der als einer der größten Humanisten Englands gilt, weltweit bekannt. Das packende Gewissensdrama von Robert Bolt ist in 16 Sprachen übersetzt worden. Dem Dichter ist es gelungen – sowohl auf der Bühne wie auf der Leinwand – die Persönlichkeit des „christlichen Sokrates“ liebenswert darzustellen.

Allein schon sein Humor gewann ihm alle Herzen. Als er eingekerkert wurde, erklärte er seinem verblüfften Kerkermeister: „Wenn ich mich hier über Wohnung oder Kost beschwere, dann werfen Sie mich ruhig hinaus.“

Der anglikanische Historiker Chambers sieht More vor allem als überlegenen Staatsmann. Er behauptet: „More wurde getötet, doch seine Grundsätze müssen am Ende triumphieren. Wenn nicht, so ist die Kultur Europas zum Untergang verurteilt.“ More meint: Wenn Staatsmänner ihr Gewissen ausschalten, um schnelle Erfolge zu erzielen, dann führen sie ihr Land geradewegs ins Chaos.

Im Jahre 2000 wurde Thomas More (1478–1535) von Johannes Paul II. zum Schutzpatron der Politiker ernannt. Bei dieser Gelegenheit betonte der Papst, daß man Politik und Moral nicht trennen darf.

Was diesen Bezug von Politik und Ethik betrifft: Ist nicht Robert Schuman mit seinem „Europa-Plan“ der Nachfolger von Thomas Morus?

MÄRZ

Ich glaube wahrhaftig, daß es Menschen gibt, die sich die Hölle mit so viel Mühe erkaufen, daß sie mit weniger als der Hälfte davon den Himmel haben könnten.

1

Raphael in „Utopia“

Wenn ich alle diese Staaten betrachte, die heute allenthalben blühen, dann kann ich nichts anderes feststellen als eine Verschwörung von Reichen, die unter dem Deckmantel des Geheimwohls für ihre eigenen Bequemlichkeiten sorgen.

Wer lange gewohnt ist, das Lob zu überschätzen,
der wird sich bestreben, den vielen –
das ist den Schlechteren – zu gefallen, und sich schämen,
gut zu sein.

2

Man muß zu loben verstehen, und zwar das zu loben,
was die anderen Lobenswertes an sich haben.
Das ermutigt sie, noch Besseres zu leisten.

Zwar wissen wir alle, daß ein Mensch auch ohne
profane Literatur seine Seele retten kann; doch bereitet
sogar profanes Wissen den Geist für die Tugend vor.

3

An seine Tochter Margaret

Du sollst noch einige Deiner jungen Jahre
den humanistischen Wissenschaften und den sogenannten
Freien Künsten widmen … Durch solche Studien wird die
Urteilsfähigkeit gebildet oder gefestigt.

Wenn uns etwas Böses angetan wird, pflegen wir es
in Stein zu meißeln; wenn uns aber Gutes getan wird,
schreiben wir es in den Sand.

4

Ungeordneter Drang nach Wissen ist ein Mittel,
manchen Menschen aus seinem Paradies zu vertreiben,
wie es damals Adam und Eva geschah.

Ich frage mich, was der Ruhm der Bildung ist ohne die Lauterkeit des Lebenswandels. Er ist nichts anderes als auffallende, vielbesprochene Unehre.

5

Meine Kinder sollen lernen, die Tugend an die erste Stelle der Werte zu rücken und die Bildung an die zweite.

Ich möchte, daß meine Kinder ihre naturgegebene Schönheit nicht durch Nachlässigkeit entstellen und nicht durch schlechte Künste überbetonen.

6

Beschäftigt euren Geist mit guten Gedanken, oder der Feind wird ihn mit schlechten erfüllen: unbeschäftigt kann er nicht sein.

An den Erzieher seiner Kinder

Damit diese Pest des Hochmuts um so länger von unseren Kindern ferngehalten wird, bitte ich Dich ... ihnen einzuschärfen, einzuhämmern, einzubläuen, daß die Ruhmsucht zu verwerfen und auszuspeien ist.

7

Von Natur aus sind wir so beschaffen, daß wir von den anderen Maßhalten fordern, während wir unserer eigenen Freiheit keine Grenzen setzen.

Die Vernunft ist die Dienerin des Glaubens,
nicht dessen Feindin.

8

Meine Kinder sollen in ihren Studien
das am höchsten schätzen,
was sie Gehorsam gegen Gott,
Mildtätigkeit gegenüber dem Nächsten und
Bescheidenheit für sich selbst lehrt.

An seine Frau, nachdem seine Scheune niedergebrannt war.

Sei guten Mutes und nimm alle zum Haushalt Gehörigen
mit in die Kirche und danke Gott für das,
was er gegeben, genommen und uns gelassen hat.

9

Die Nachbarn, auf deren Besitz das Feuer übergesprungen ist,
sollen entschädigt werden.

Und bliebe mir auch nicht ein Löffel übrig,
es soll keiner meiner armen Nachbarn durch ein Unglück,
das sich in meinem Haus zugetragen hat,
auch nur den geringsten Schaden erleiden.

Wir dürfen nicht auf unser Vergnügen sehen,
um in Federbetten zum Himmel zu gehen:
das ist nicht der Weg; denn unser Herr selbst
ging dorthin in großer Qual und vieler Bedrängnis.

10

Der Kleinmut zeugt eine äußerst schüchterne Tochter,
ein armes, törichtes, stets weinerliches Frauenzimmer,
das *ängstliches Gewissen* heißt. Sie ist ein großes
Hemmnis im Hause.

Er erklärt seinem Schwiegersohn Roper seine Haltung als Richter

Stünde auf der einen Seite mein Vater
und auf der anderen der Teufel, und seine Sache wäre gut,
dann sollte der Teufel recht bekommen.

11

Unser Herr erhalte mich immer treu, wahr und offen;
ich bitte Ihn von Herzen,
mich nicht am Leben zu erhalten,
wenn ich ins Gegenteil verfalle.

Wir sollen keinen Haß gegen irgend jemanden hegen …

12

Wir sollten unaufhörlich für unsere schuldigen Brüder
eintreten; denn unser Gewissen sagt uns zu jeder Stunde,
wie sehr wir gleicherweise der Nachsicht und der
Verzeihung bedürfen.

Als er sich weigerte, den Eid auf das Suprematsgesetz abzulegen.

Ich glaube es für mich nicht verantworten zu können, weil dies einer der Fälle ist, derentwegen ich meinem Gewissen Gehorsam schulde und nicht meinem König.

13

Ich hatte mein Gewissen weder rasch noch oberflächlich befragt, sondern nach eingehender und sorgfältiger Prüfung der Sache.

Norfolk warnt ihn: „Des Königs Zorn bringt Tod."

Ist das alles, Mylord? … Dann gibt es zwischen Ew. Gnaden und mir keinen größeren Unterscheid, als daß ich heute sterbe und ihr morgen.

14

Auf die Drohung seiner Ankläger:

My Lords, diese Drohungen sind Schreckmittel für Kinder, nicht für mich.

Raphael in „Utopia"

Wenn ihr etwas nicht zum Guten wenden könnt, dann richtet es so ein, daß es nicht sehr bös werde.

15

Über die Manie, die Geistlichen zu kritisieren.

Sind sie ernst, dann nennen wir sie feierlich, sind sie fröhlich, dann nennen wir sie verrückt, sind sie heilig, dann nennen wir sie Heuchler!

Gib mir, o guter Gott, ein demütiges, bescheidenes, ruhiges, friedsames, geduldiges, barmherziges, gütiges, zartes, kindliches Herz … damit ich einen Vorgeschmack habe Deines heiligen, gesegneten Geistes.

16

Verleihe mir, o Gott, das lebhafte Verlangen, bei dir zu sein … nicht um die Freude des Himmels zu genießen, sondern einzig und allein aus Liebe zu dir.

More macht sich zum Sprecher der armen Seelen

Wir sind arme Bettler, die ihr schon vergessen habt. Wir leiden entsetzlich in diesem Reinigungsfeuer, dessen beständige Glut den schmutzigen Rost unserer Sünden aufzehrt.

17

Johannes lag im Gefängnis, während Herodes und Herodias fröhlich beim Fest saßen und Herodias' Tochter sie mit ihrem Tanz erfreute, bis sie St. Johannis Haupt von seinen Schultern getanzt hatte.

Es gibt ein Argument, das man allen Spitzfindigkeiten der Glaubenslosen entgegenhalten kann: Noch niemand hat je auf dem Sterbebett bereut, ein Christ zu sein.

18

Gott verleihe uns die Gnade, uns selbst so klug zu regieren, daß wir, wenn wir plötzlich von hier fort müssen, dem großen Bräutigam entgegen zu gehen, nicht im Schlaf überrascht werden.

Gebet im Gefängnis

Gib mir deine Gnade, gütiger Herr,
auf daß ich die Welt für nichts erachte,
auf daß ich meinen Geist fest auf dich gründe.

19

Ich will mich daran erinnern, wie der heilige Petrus
im Sturm aus Kleingläubigkeit zu sinken begann
und werde tun wie er:
Jesus anrufen und Ihn bitten, mir zu helfen.

Als Margaret das Schlimmste für ihren Vater befürchtet:

Ich vergesse bei dieser Gelegenheit nicht Christi Rat
im Evangelium: Ehe ich beginne, einen Turm zum Schutz
meiner eigenen Seele zu bauen, soll ich mich zuvor
hinsetzen und die Kosten überschlagen.

20

Herr gib mir die Geduld in der Bedrängnis, daß ich meinen
Willen dem deinen gleich mache; daß ich *aufrichtig* sage:
Dein Wille geschehe.

Nichts kann geschehen, außer dem, was Gott will.
Und ich bin ganz gewiß, daß es, was es auch sei, in der Tat
das Beste ist.

21

So blind ist unsere sterbliche Natur, und so unwissend
sind wir über das, was kommen wird … daß Gott einem
Menschen kaum eine größere Strafe zufügen könnte,
als ihm seine eigenen törichten Wünsche zu erfüllen.

Als einige der alten, berühmten Philosophen gefragt wurden, was Philosophie sei, antworteten sie, es sei die Betrachtung und Vorübung des Todes.

22

Ich habe Gott nie gebeten, mich vom Tode zu erretten, sondern habe alle Dinge Seinem Gutdünken überlassen, sieht Er doch besser als ich selbst, was mir zum Besten dient.

Das Verdienst der Drangsal besteht in Geduld und in dem gehorsamen Einklang des menschlichen Willens mit dem göttlichen.

23

Brief an Margaret aus dem Gefängnis

Gott möge uns beistehen in allen unseren Qualen, daß wir ergeben Zuflucht nehmen zum Gedächtnis an jene bittere Qual, die unser Heiland vor seiner Passion im Ölberg litt.

Da ich in dieser Sache der Eidverweigerung nur auf Gott schaue, macht es mir wenig aus, wenn die Menschen sagen, es sei nicht das Gewissen, es seien nur törichte Skrupel.

24

Keiner ist verpflichtet zu schwören, daß jedes Gesetz gut gemacht ist; noch ist er gebunden, Gottes Ungnade zu riskieren, um ein Gesetz zu erfüllen, das tatsächlich unrechtmäßig ist.

Als die Folterung droht

Ich hoffe, daß man keine grausamen und gewalttätigen Mittel anwenden wird, und wenn man es tut, daß Gott mir in seiner Gnade die Kraft verleihe, standhaft zu bleiben.

25

Trost im Leiden kann nur auf der sicheren Grundlage des Glaubens gewährt werden, eines Glaubens, der die Worte der Schrift und die Lehre der katholischen Kirche für wahr hält.

Kurz vor seinem Prozeß zu seiner Tochter

Gott mißtrauen, Meg, das will ich nicht, obwohl ich mich schwach fühle.

26

Sobald wir uns Gottes Wohltaten ins Gedächtnis rufen, finden wir viele Zeichen, die uns hoffen lassen, daß seine große Güte uns nicht entzogen wird, wenn wir herzlich darum bitten.

In seinem Prozeß kann man nichts gegen More beweisen. Nur durch Meineid von Rich wird sein Schicksal besiegelt.

Wahrlich, Master Rich, Euer Meineid betrübt mich mehr als meine eigene Gefahr.

27

Ich bin nicht gezwungen, meine Überzeugung zu ändern und sie dem Beschluß des Parlaments eines Reiches zu beugen entgegen dem allgemeinen Parlament der Christenheit.

Mores Verteidigung bei seinem Prozeß

Die höchste Leitung der Kirche oder eines Teils der Kirche kann sich kein weltlicher Fürst durch irgendein Gesetz aneignen, da sie rechtmäßig dem Bischof von Rom zusteht.

28

Über den Vorrang des Bischofs von Rom

Der Primat hält alles zusammen.

Zu seinen Richtern

In Gewissensfragen ist jeder treue Untertan seiner Seele gegenüber zu höherer Ehrfurcht verpflichtet als gegenüber allem anderen auf der Welt.

29

Nach seiner Verurteilung

Ich habe die große Hoffnung, daß wir uns, obwohl ihr, meine Lords, jetzt hier auf Erden meine Richter seid und mich verurteilt, dennoch später im Himmel einander alle fröhlich begegnen werden.

Als er nach der Verurteilung zum Tod seiner Tochter begegnet:

Habe Geduld, Margaret, und beunruhige dich nicht.
Es ist Gottes Wille.

30

Auf dem Weg zum Schafott bot eine Frau ihm einen Becher Wein an.
More lehnte ab:

Mein Meister bekam Essig und Galle zu trinken,
nicht Wein.

Rede am Schafott

Ich leide den Tod im Glauben und für den Glauben der heiligen katholischen Kirche … Ich sterbe als des Königs treuer Diener, doch zuerst als Diener Gottes.

31

More ermutigt den Henker:

Kopf hoch, Mann! … Hab keine Angst, deine Pflicht zu tun! Mein Hals ist sehr kurz: Paß' also auf, daß du nicht schief haust, es geht um deine Ehre.

Hildegard von Bingen

Gedanken

Einführung

„Die Frau soll schweigen in der Kirche", meinte der hl. Paulus. Hildegard von Bingen hat keineswegs geschwiegen! Ermuntert durch Papst Eugen III., hat sie in den größten Kirchen Deutschlands flammende Predigten gehalten vor Klerus und Volk. Wie wenig sie sich dabei ein Blatt vor den Mund nahm, zeigen folgende Mahnungen an den Klerus in Köln: „Geiz, Reichtum, Vergnügen – in diesem Zeichen steht euer Leben ... Ihr solltet Stützen der Kirche sein und liegt selber am Boden. Ihr solltet Tag sein und seid Nacht."

Hildegard von Bingen (1098–1179) war Ärztin und Mystikerin. Ihre wohltuenden Naturheilmittel werden erst in unserer Zeit allmählich wieder entdeckt. Sie will aber den ganzen Menschen gesund machen: nicht nur seinen Körper, sondern vor allem seine Seele.

Weil sie dieses Licht von oben bringt – und nicht irgendein psychologisches Rezept –, hat Hildegard von Bingen auch für unsere Zeit, mehr als 800 Jahre nach ihrem Tod, Worte des Lebens.

APRIL

Gott sieht und kennt dich, und er wird dich niemals verlassen.

1

Im Menschen spielt sich ein Entscheidungskampf ab:
Gibt es einen Gott oder nicht?
Darauf antwortet der Heilige Geist im Menschen:
Es ist ein Gott, der dich erschaffen und erlöst hat.

Die Verletzung des Körpers fliehst du.
Warum vermeidest du nicht in der Furcht vor deinem Schöpfer den entsetzlichen ewigen Tod der Seele?

2

Suche die Heilung deiner Wunden bei Gott.
Eile zu ihm wie der verlorene Sohn zu seinem Vater, der ihn in väterlicher Liebe und mit frohem Festmahl aufnahm.

Sage mir, o Mensch, was warst du, als du noch nicht am Leben warst? Du weißt nicht einmal, wie du selbst geschaffen wurdest, und willst Himmel und Erde erforschen!

3

Der finstere Vogel eilt von Mitternacht auf dich zu und treibt sein Spiel mit dir. Er entreißt deinem Herzen das Ganzopfer, das du Gott schuldest.

Durch die vom Feuer des Heiligen Geistes verfaßten Schriften müßtet ihr die starken Eckpfeiler sein, die die Kirche stützen.

4

Durch die Firmung wird der Christ gefestigt, das heißt: eingefügt in den festen Felsen.

Du Tor! Überlege, wer Ich bin:
Gott über alles und in allem.
Aber du willst, daß Ich deinen Willen tue,
während du Meine Gebote verachtest.
Ein solcher Gott wäre kein Gott.

5

Da ich keinerlei Sicherheit in mir vorfand, habe ich all meine Hoffnung und mein ganzes Vertrauen einzig auf die Barmherzigkeit Gottes gesetzt.

Der du jetzt auf den Straßen des Vielerlei umherschweifst und nicht mit sehnsüchtigem Blick nach dem Heilmittel für dich und die anderen Ausschau hältst:
Steh auf, schau in die Sonne. Fliehe nicht das Licht.

6

Der Mensch trete zu Gott hin durch das ihm auferlegte Gesetz, und er wird ihn finden.

Wie die Geschöpfe dem Menschen für seine leiblichen Bedürfnisse zu dienen haben, so sind sie auch nicht weniger zum Heil seiner Seele bestimmt.

7

Durch die Bedrängnisse des Leibes gelangt der Mensch nicht selten zu geistigen Schätzen, und durch diese Schätze kommt er in den Besitz des Reiches.

Schickt nicht Gott oft den Menschen Stürme, damit Er umso eifriger von ihnen um Hilfe angerufen werde?

8

Halte dich an das klare Gesetz und fliehe den Zweifel. Dann wird Gott dich retten.

Das Fleisch ergötzt sich am Sündigen, die Seele dürstet nach der Gerechtigkeit. Zwischen diesen beiden geht die große Auseinandersetzung vor sich.

9

Bei den Trägen, die sich nur mühsam zu guten Werken aufraffen, erlischt durch die Schwerfälligkeit ihres Leibes allmählich das Verlangen nach dem Himmlischen.

Die Kirche ist die jungfräuliche Mutter aller Christen. Sie empfängt und gebiert ihre Kinder durch die geheime Kraft des Heiligen Geistes und schenkt sie Gott, so daß sie Gotteskinder heißen.

10

Wie ein Handelsmann seine Waren ausstellt, so bietet der Teufel Laster feil. Er preist sie hoch an. Die Kauflustigen fallen darauf herein. Sie zahlen ihr gutes Gewissen als Preis.

Umgürte dich mit wahrer Demut, wirf ab von dir den eitlen Ruhm, und du gleichst dem leuchtenden Tag, der von keiner Wetterwolke verdunkelt wird.

11

Die überwältigende Güte der Gottheit, die ohne Ursprung und Ende ist, eilt den Gläubigen zu Hilfe.

Denke daran, daß in diesem Leben Bedrängnis dein Anteil ist.
Bedenke auch, daß dein Lohn dir nach den durchlittenen Kämpfen bemessen wird.

12

Der Mensch steht gleichsam an einer Wegkreuzung. Sucht er im Licht nach Gottes Heil, so empfängt er es. Wählt er aber das Böse, so folgt er dem Teufel zum Strafgericht.

Vor der Grundlegung der Welt habe Ich um dich gewußt. Weshalb verachtest du Mich? Habe Ich nicht Meinen Sohn für dein Heil an das Holz des Kreuzes gegeben?

13

Habe Ich nicht Meine Apostel beauftragt, dir durch die Frohbotschaft den Weg der Wahrheit zu zeigen? Du hast also keine Entschuldigung. Weshalb schiebst du Mich beiseite?

In seinem moralischen Leben ist der Mensch ohne die Gnade schwach wie ein Säugling.

14

Erhebe deine Augen zu dem, der dich erschaffen hat und in seinem Blute reinigt. Zeige ihm deine Wunden und erbitte von ihm Arznei.

Sooft die Seele gezwungen wird, mit dem Körper Böses zu tun, erfüllt sie ihn mit Traurigkeit, da ihr solches Tun mißfällt.

15

Führt die Seele jedoch zusammen mit dem Körper eine gute Handlung aus, dann macht sie auch den Leib fröhlich.

Freue dich, weil Gott dich liebt. Durch die Krankheit, die dich beschwert, läutert er deine Seele, die er in sein Erbe einführen wird.

16

Sucht die Demut und die Liebe. Mit ihnen bewaffnet, werdet ihr die Nachstellungen des Teufels nicht fürchten, sondern das unvergängliche Leben in Besitz nehmen.

Der Eifer im Guten ist wie der Tag, an welchem man alles sieht; die Trägheit aber ist wie die Nacht, in der man nichts mehr erkennt.

17

Wenn Gott sieht, daß ein Mensch zum Licht strebt und sich aus der Finsternis erhebt, wird er ihm bei allem beistehen und ihn zu gerechten und heiligen Werken begeistern.

Wenn der Hochmut eitler Ruhmsucht dich anfällt, so daß du dich für weiser oder bewährter als andere hältst, dann denke daran, daß du Asche bist und zur Asche zurückkehren wirst.

18

Erhebe dich schnell und wandle auf geradem Wege, bevor die Sonne für dich untergeht und deine Tage ein Ende nehmen.

Durch das Wort Gottes ist der Mensch vernunftbegabt. Der Vernunft aber gab Gott zwei Flügel: der rechte bedeutet die Erkenntnis des Guten, der linke die Erkenntnis des Bösen.

19

Wem die Kraft des Heiligen Geistes fehlt, der wird vom Unglauben erstickt, von bösen Werken verschlungen und stürzt in den höllischen Schlund.

Sei tapfer und stark in der schiffbrüchigen Welt
und in den harten Kämpfen gegen die Ungerechtigkeit.
Dann wirst du als heller Stern in der ewigen Seligkeit
strahlen.

20

Ihr sollt alles unterscheiden und prüfen und in rechter Weise für das sorgen, was euch und anderen gut ist.

Sogar wer in seiner Gottlosigkeit wild ist wie ein Bär,
diese Wildheit aber zurückweist und zur Sonne
der Gerechtigkeit, der gütigen und milden, kommt,
der ist Gott wohlgefällig.

21

Wie die Luft bald in sanften Winden weht, bald in wilden Stürmen das All durchbraust, so ist auch der Mensch immerdar entweder vom Guten oder vom Bösen in Anspruch genommen.

Die Blindheit des Herzens, die aus der Lust des Fleisches entsteht, verdunkelt das reine Wissen.

22

Laster und Tugenden sind einer Schwangeren
zu vergleichen, weil das Laster Laster und die Tugend
Tugenden gebiert.

Jeder soll nach Kräften durch gute Werke und die Ausrichtung seines Willens auf das Gute den Gefahren entfliehen, und Gott wird ihm Hilfe bringen.

23

Zwar werden wilde Bären und Panther, bisweilen sogar giftige Nattern auf dich losfahren. Aber das Schwert Gottes wird sie töten, und du wirst dich unter ihnen als erprobter Streiter erheben.

Nur der Glaube erfaßt in tiefster Ehrfurcht die alles Begreifen übersteigende Liebe: daß Gott durch die Menschwerdung seines Sohnes den Menschen erlöste und durch die Eingießung des Heiligen Geistes festigte.

24

Im gesamten Planen und Vorherwissen Gottes war das der Gipfel der höchsten Liebe, daß der Sohn Gottes in seiner Menschheit die verlorenen Menschen heimführte in das himmlische Reich.

Die Liebe hat den Menschen erschaffen,
die Demut ihn erlöst.

25

Sei gegrüßt, o Jungfrau,
edel, ruhmreich, unversehrt,
Augenstern, du unberührter,
Mutterschoß der Heiligkeit,
Wohlgefallen Gottes!

Je mehr der Mensch durch wahre Selbstzucht die Herrschaft über sich erlangt, desto bereiter neigt er sich in barmherziger Liebe dem hilfsbedürftigen Nächsten zu.

26

Wie die Sehnen den menschlichen Körper zusammenhalten, damit er nicht zerfalle, so bindet die Demut die guten Werke, damit sie nicht im Hochmut zerstreut werden.

Wer beim Empfang des Leibes und Blutes Meines Sohnes mit aufrichtigem Glauben auf Gott schaut, dem gereichen sie durch seinen Glauben zur Heilung.

27

Wie könnten so große Herrlichkeit und Ehre, wie sie euch gegeben sind, ohne Prüfung bleiben, als wären sie nichtig und eitel? Gold muß im Feuer geläutert werden.

Die Himmel hallen wider von Meinem Lob. Denn sie gehorchen Mir nach der Ordnung, die Ich ihnen gesetzt. Aber du hältst Meine Satzungen nicht, sondern läufst deinem Eigenwillen nach.

28

Das bedenke der Mensch:
Auch das aus dem Ei schlüpfende Vöglein, das noch keine Flügel hat, beeilt sich nicht zu fliegen; erst wenn ihm Flügel gewachsen sind, fliegt es.

Die Reue ist die Leuchte der Seele.
Rasch löscht sie die Schuld im Menschen aus.

29

Der gütige Herr Jesus Christus, der unsere Sünden am Kreuz getragen hat, möge dir die wahre Reue einflößen und dich so zum Leben zurückrufen, auf daß du ewig lebst.

Hüte dich, das Gute so zu tun, als stamme es von dir. Schreibe es vielmehr Gott zu, von dem alle Kräfte ausgehen wie die Funken vom Feuer.

30

Stelle den Menschen vor Augen, wie schädlich jede Bosheit für ihre Seelen und ihre Glückseligkeit ist. Das ist sie – bestimmt, ganz bestimmt!
Sag es ihnen mit allem Nachdruck, dann werden sie dir Gehör schenken.

Seraphim von Sarow

Gedanken

Einführung

„Der beliebteste Heilige der Ostkirche", so Walter Nigg, ist Seraphim von Sarow (1759–1833). Er war der Sohn eines Kaufmanns aus Kursk. Als 20-jähriger pilgerte er nach Kiew, der „Heiligen Stadt Rußlands". Dort entschied er sich, Mönch zu werden im Kloster von Sarow. Jahrzehntelang lebte er schweigend und betend als Eremit im Wald.

Was hat Seraphim den Christen des Westens zu sagen?

Das 2. Vatikanum nennt den Heiligen Geist „den großen Unbekannten". In der Ostkirche dagegen wird er sehr verehrt. Seraphims Botschaft gipfelt sogar in dem Gedanken: „Sinn des christlichen Lebens ist die Erwerbung des Heiligen Geistes."

Am Ende seines Lebens war er so spürbar vom Geist erfüllt, daß die Masse sich auf ihn stürzte wie auf eine Quelle in der Wüste. Er wurde zum „größten Starez Rußlands" (Irina Gorainoff).

Das 2. Vatikanische Konzil lädt uns ein, „bei den getrennten Brüdern die wahrhaft christlichen Güter aus dem gemeinsamen Erbe mit Freude anzunehmen und hochzuschätzen" (Dekret über Ökumenismus, Kap. 1). Die Weisheit des orthodoxen Mönchs Seraphim von Sarow gehört bestimmt zu diesen Schätzen der gesamten Christenheit.

MAI

Alle Genüsse dieser Welt sind nicht einmal ein Schatten der Glückseligkeit, die im Jenseits alle erwartet, die Gott lieben.

1

Wüßtest ihr, welche Freuden die Seelen der Gerechten im Himmel erwarten, wäret ihr entschlossen, allen Kummer, alle Verfolgungen und Beleidigungen in diesem vergänglichen Leben dankbar zu ertragen.

Weil wir heute so gleichgültig in bezug auf unser Heil sind, verstehen wir so viele Worte der Heiligen Schrift nicht mehr, wie wir es müßten.

2

Wenn der Mensch seine Seele mit Gottes Wort nährt, so erkennt er gleich, was gut und böse ist.

Im Vergleich zur Ewigkeit dauert unser Leben nur eine einzige Minute.

3

Aus Liebe zu Gott sollen wir dankbaren Herzens alles ertragen, und sei es noch so mühsam.

Erringe du den inneren Frieden, und eine große Anzahl von Menschen um dich herum wird ihr Heil finden.

4

Um den inneren Frieden zu bewahren, soll man auch sorgfältig vermeiden, über die Fehler anderer zu reden.

Wer sich von den irdischen Gütern nicht löst, kann den wahren Frieden nicht besitzen.

5

Wenn einer den Frieden erreicht hat, wird er wie mit einem Löffel mit geistlichen Gaben gespeist.

Der wahre Sinn des christlichen Lebens ist die Erwerbung des Heiligen Geistes.

6

Gebet, Wachen, Fasten, Almosen und alles andere, das wir für Christus tun, sind nur Mittel, den Geist Gottes zu erlangen.

Sicher bringt alles, was wir für Christus tun, die Gnade des Heiligen Geistes. Aber durch das Gebet wird am meisten erreicht, weil es uns *immer* zur Verfügung steht.

7

Gebet ist für jeden möglich, ob reich oder arm, stark oder schwach, gesund oder krank, rechtschaffen oder Sünder.

Der Mensch besteht aus Leib und Seele; deshalb ist sein religiöses Leben körperliche und geistige Tätigkeit: körperliche Übung und seelische Besinnung.

8

Der Weg körperlicher Übung besteht aus Fasten, Wachen, Kniebeugen, mündlichem Gebet und allen weiteren Übungen, die mühsam durch das enge Tor zum ewigen Leben führen.

Der Weg seelischer Besinnung weist das Denken
auf Gott hin, schafft Stille im Herzen,
läßt innerlich beten und durch diese Mittel
uns ins Göttliche versenken.

9

Körperliche Gebetsübung reinigt uns von übler Leidenschaft und führt uns auf den Weg seelischer Besinnung.

Fehlt das Licht, so liegt alles im Dunkeln;
ohne Demut herrscht im Menschen nur Finsternis.

10

Vergiß niemals, daß du nur Zeuge bist,
der Richter ist Gott. Welche Sünde vergäbe der Herr
in seinem großen Erbarmen den Menschen nicht?
Wie könnten wir sie richten!

Wenn wir uns von jemandem abwenden
oder ihn beleidigen, so legen wir ihm gleichsam
einen Stein aufs Herz.

11

Wenn einer deine Ehre verletzt oder gar zerstört,
so versuche mit aller Kraft, ihm zu verzeihen.

Wie kann man gute Anregungen von schlechten unterscheiden?
Kommen sie von Gott, so bringen sie Freude, Liebe und Friede.

12

Wenn aber der Teufel scheinbar gute Gedanken einflößt, dann empfindet man Unklarheit und Verwirrung.

Der Geist Satans – als Gegner Christi – hetzt uns zum Aufstand. Er macht uns zum Sklaven des Fleisches, der Eitelkeit und des Hochmuts.

13

Der Heilige Geist erinnert uns an die Worte Christi und, einig mit Ihm, lenkt Er unsere Schritte freudig auf dem Weg des Friedens.

Alles, worum ihr Gott bittet, werdet ihr erhalten, wenn es nur zur Ehre Gottes und zum Wohl des Nächsten dient.

14

Selbst wenn ihr zu eurem eigenen Nutzen um etwas bittet, so zweifelt nicht, daß Gott es gewähren wird, wenn es sich um echte Not handelt. Denn Er liebt jene, die ihn lieben.

Wenn du zu viel gegessen oder irgendwie menschlicher Schwäche zu sehr nachgegeben hast, dann beunruhige dich nicht, sondern mühe dich tapfer, dich zu bessern.

15

Auch mit den eigenen Schwächen müssen wir Nachsicht üben; die eigenen Fehler müssen wir genauso ertragen wie die der anderen, allerdings ohne lässig zu werden: immer wieder sollen wir uns zum Guten aufraffen.

Etwas Unanständiges in der Kirche zu sagen ist Sünde, aber ein lustiges Wort, das dich aufmuntert, ist keineswegs Sünde; denn Gott sieht es gern, daß der Mensch mit fröhlichem Herzen zu ihm kommt.

16

Die Fröhlichkeit ist keine Sünde, Matouschka, im Gegenteil! Sie vertreibt die Müdigkeit. Aus dieser nämlich kommt die Mutlosigkeit, das schlimmste aller Übel.

Wenn wir still sind, kann der Teufel in unser Herz nicht eindringen. Darin liegt die Weisheit des Schweigens.

17

Wenn dein Feind dich kränkt, so trage es schweigend und eröffne dem Herrn dein Herz.

Gott macht keinen Unterschied zwischen dem Wohl des Nächsten und seiner eigenen Ehre: „Alles, was ihr dem Geringsten unter euch getan habt, das habt ihr mir getan.“ (Mt 25,40)

18

Triffst du einen verstörten und bedrückten Bruder, so versuche, durch ein gutes Wort ihm wieder Mut zu machen.

Ein Vorgesetzter darf nicht für sich leben, sondern für seine Untergebenen; er soll ihre Schwächen zu verstehen suchen und sie mit Liebe ertragen.

19

Der Vorgesetzte soll die Wunden der Sünde durch das Heilmittel der Barmherzigkeit lindern. Mit Güte wird er die Gestrauchelten wieder aufrichten.

Richtet nicht, denn ihr wißt nicht, wie lange ihr selbst im Guten noch durchhaltet.

20

Mitunter scheint uns, daß einer Böses tut, während er – wegen seiner lauteren Absicht – in Wirklichkeit Gutes tut.

Das echte Fasten verlangt nicht nur, daß man seinen eigenen Köper beherrscht, sondern auch, daß man sich Entbehrungen auferlegt, um den Hungernden Brot zu geben.

21

Jeder soll seinen Körper so ernähren, daß dieser ein freundlicher Helfer der Seele in Ausübung des Guten bleibt.

Die Leidenschaften werden nur durch Leiden überwunden, sei es, daß man sie freiwillig sucht oder daß die Vorsehung sie schickt.

22

Wer Krankheit mit Geduld erträgt, dem wird sie als Heldentat – ja noch größer – angerechnet.

Gott sucht vor allem ein Herz, das gänzlich vom Glauben an Ihn und an Seinen einzigen Sohn erfüllt ist. Als Lohn für einen solchen Glauben schenkt Er uns die Gnade des Heiligen Geistes.

23

Eine brennende Kerze entzündet andere Kerzen, ohne eigene Leuchtkraft zu verlieren. Wenn schon das irdische Licht so entzündet, wie viel mehr das Feuer des Heiligen Geistes.

Wer freut sich nicht beim Anblick der Sonne? Weitaus größer ist die Freude, wenn man mit innerem Auge Christus, die Sonne der Heiligkeit, erkennt.

24

Wie das Eisen sich dem Schmiedehammer überläßt, so überlasse ich meinen Willen Gott. Ich tue, was Er will.

Wenn jemand, der Gott liebt, sich keine Sorgen macht um sich selbst aus dem Wissen, daß *Gott* für ihn sorgt, dann ist das eine echte und wohlbegründete Hoffnung.

25

Geld ist nicht gleich Geld. Oft ist es die Frucht von Gewalt, Tränen und Blut. Mit diesem Geld dürfen wir nichts zu tun haben.

Verschafft euch mittels irdischer Güter himmlische Werte. Diese Güter sind die Tugenden, die wir für Christus üben. Sie sichern uns die Gnaden des Heiligen Geistes.

26

Wer kommuniziert, empfängt große Gnaden, nicht nur für sich, sondern auch für seine Kinder.

Niemals lasse ich auch nur einen Tag vorübergehen,
ohne das Evangelium zu lesen.
Ich meine mit unserem Herrn zu reden,
wenn ich mir sein Leben und Leiden vergegenwärtige.

27

Die körperliche Arbeit und die regelmäßige Beschäftigung
mit der Heiligen Schrift helfen die Reinheit bewahren.

Nur wer den inneren Frieden hat, kann durch
die Weisheit erleuchtet werden und dieses Licht an
andere weitergeben.

28

Der innere Friede wird durch nichts so sehr gefördert wie
durch Schweigen, durch möglichst beständige Betrachtung
und durch Vermeidung nutzloser Unterhaltungen.

Während deiner alltäglichen Beschäftigungen
wiederhole unentwegt das Gebet:
„Herr Jesus Christus, Sohn Gottes, erbarme Dich meiner."

29

Wenn Gott dann sein Erbarmen schenkt, wird dieses Gebet
dir zur Gewohnheit, zur Freude und Stärke.

Lies die Werke der Heiligen mit deinen Taten.

30

Unternimm nichts, was über deinen Kräften steht; sonst wirst du fallen und der Feind wird dich auslachen.

Seid immer auf der Hut vor den Angriffen des Teufels! Können wir erwarten, daß er uns ohne Versuchung läßt, der sich nicht einmal scheute, Christus zu versuchen?

31

Man nennt Maria „die Geißel Satans“, denn ihm ist es unmöglich, einen Menschen zugrunde zu richten, solange dieser seine Zuflucht zur Gottesmutter nimmt.

Antonius von Padua

Gedanken

Einführung

„Antonius von Lissabon", so nennen ihn die Portugiesen. Und sie haben ganz recht, denn Antonius, in Padua begraben, aber in Lissabon geboren, hat über zwei Drittel seines kurzen Lebens (1195–1231) in Portugal verbracht.

Aber Menschen wie Antonius kann man nicht in die engen Grenzen eines Landes einzwängen. Denn dieser Portugiese war nicht nur ein großer Volksprediger in Frankreich und Italien, er scheint überall zu Hause zu sein. In Deutschland z.B., wo er nie gewirkt hat, gibt es 270 Antonius-Heiligtümer.

„Es gibt nur wenige Menschen, deren Namen der Nachwelt überliefert werden. Es gibt nur ganz selten Menschen, die nicht bloß genannt, bewundert, sondern noch nach Jahrhunderten geliebt werden" (J. Gatz). So ein Großer war Antonius von Padua.

Nicht umsonst wird er ‚Lehrer des Evangeliums' genannt. Sein Gesamtwerk in einem Umfang von 1000 Seiten enthält 5000 Bibel-Zitate.

Aber Antonius wird nicht so sehr als Kirchenlehrer gebraucht, sondern vielmehr als Wiederbringer von verlorenen Sachen. In Kaufbeuren kam ein kleiner Junge an die Pforte des Crescentiaklosters und klagte bei der Pförtnerin, daß er sein Taschengeld verloren habe. Darauf sagte ihm die gute Schwester Coleta: „Da mußt Du den hl. Antonius anrufen!" Prompt kam die Antwort: „Wissen Sie die Nummer?"

JUNI

„Weide meine Schafe", sagte der Herr zu Petrus (Jo 21,7). Wohlgemerkt, dreimal sagte der Herr: „Weide meine Schafe", aber kein einziges Mal: Schere oder melke sie.

1

Der Vorgesetzte und der Prediger steige herab und neige sich zu seinem Mitmenschen. Nur so kann er den Nächsten aufrichten, der am Boden liegt.

Wie arm ist doch der Mensch, der fremdem Lob mehr Glauben schenkt als seinem eigenen Gewissen! Auf ihren guten Ruf sind die Menschen mehr bedacht als auf ihr gutes Gewissen.

2

Liebe dich so, wie Gott dich erschaffen hat, der dich liebt. Hasse dich aber so, wie du dich gemacht hast durch deine Sünde.

Der Mensch in der schweren Sünde ist ein Nichts, denn Gott, das einzig wahre Sein, ist durch seine Gnade nicht in ihm.

3

Das Gesetz vollkommener Freiheit ist die Liebe zu Gott, denn sie macht den Menschen in jeder Hinsicht vollkommen und von jeder Knechtschaft frei.

Wehe uns Armen! Wir verschließen unsere Augen vor unseren vielen Sünden. Doch tun wir auch nur etwas Gutes, dann haben wir es stets vor Augen und müssen es auch anderen zeigen.

4

Erst im Sonnenlichte vermögen wir den Staub zu sehen. So können wir auch erst im Lichte eines Heiligenlebens unsere Fehler sehen.

Unser Leben ist ja so voll von schönen Worten und leer an guten Werken. Darum trifft uns der Fluch des Herrn (Mt 21,19), hat er doch auch den Feigenbaum verflucht, da er nur Blätter und ‚keine Früchte fand'.

5

Wer sein Haupt verhüllt, kann nicht sehen und nicht gut hören. Wer von ungezügelter Eßgier und Fleischeslust beherrscht wird, verliert die Kraft zum Betrachten, zum Erkennen und zum Gehorchen.

In der Heiligen Schrift ist die ganze Weisheit enthalten.

6

Die Kraft des Wortes Christi wird gleich dem Klang der Zither die Leidenschaft des Sünders beschwichtigen und den Teufel aus seiner Nähe vertreiben.

Die Heilige Schrift läßt sich mit dem Bogen vergleichen. Der hölzerne Bogen gleicht dabei dem Alten Testament; die Sehne, die des Bogens Starre lindert, dem Neuen, und der Pfeil entspricht der Einsicht in die Heilige Schrift, die des Menschen Herz verwundet.

7

Die Heilige Schrift gleicht einem Spiegel, in dem wir unser ‚natürliches Aussehen' (Jak 1,23) betrachten sollen. Dort sollen wir erkennen, woher, wie und wozu wir auf die Welt gekommen sind.

„Das ist das ewige Leben, daß sie dich erkennen, den allein wahren Gott, und deinen Gesandten, Jesus Christus“ (Joh 17,3).
Wie groß ist doch Jesu Liebe!
Welch ein Schatz liegt doch in dieser Liebe.

8

Keiner von allen Märtyrern kannte vor seinem Leiden die Größe seiner Qualen. Der Herr aber wußte alles, bevor es geschah. Wundern wir uns also nicht, wenn er mehr als die andern gelitten hat.

Christi Leiden führt mehr Menschen zu ihm hin als sein ganzes übriges Leben.

9

Am Kreuze findest du Christi Demut gegen den Stolz des Teufels, Christi Armut gegen die Habsucht der Welt, die Annagelung seiner Glieder gegen die Begierlichkeit des Fleisches.

Wie der Menschengeist Leben des Leibes ist, so ist der Geist Gottes Leben der Seele.

10

Das Feuer hat vier Eigenschaften: es brennt, reinigt, wärmt und leuchtet. In gleicher Weise vernichtet der Heilige Geist die Sünden, reinigt die Herzen, erwärmt die Lauen und erleuchtet die Unwissenden.

‚In verschiedenen Sprachen redet, wer vom Heiligen Geist erfüllt ist' (Offb 2,4). Die verschiedenen Sprachen sind das Zeugnis, das wir für Christus ablegen, nämlich Demut, Armut, Geduld und Gehorsam.

11

Wenn andere diese Tugenden an uns sehen, reden wir zu ihnen. Unsere Sprache ist eindringlich, wenn unser Tun redet. Ich beschwöre euch daher, laßt doch euren Mund verstummen und eure Taten sprechen!

Die Liebe, die sich auf Freund und Feind erstreckt, ist der Mittelpunkt der Kirche. Darum muß der Prediger die Gläubigen ermahnen, daß sie diese Mitte einhalten.

12

Sage nur Gutes, wenn du von Abwesenden sprichst. Ich beschwöre dich, Bruder, vergiß alle Menschen, die abwesend sind, bei deinen Reden, wenn du sie nicht in reiner, wahrer Liebe umfängst.

Wer vergißt, wie große Barmherzigkeit er selbst empfangen, der hat auch für andere kein Herz voll Erbarmen.

13

Wenn das Gotteskind den Vater um Liebe bittet, gibt er ihm nicht Herzenshärte. „Das Herz aus Stein will ich aus eurer Brust entfernen und euch ein Herz aus Fleisch geben" (Ez 36,26).

In langer, mühseliger Arbeit raffen sie
das dreckige Geld zusammen; dann verfällt
die Seele dem Teufel, der Leib den Würmern,
der Reichtum den Verwandten.

14

'Wer irdische Güter besitzt' und an Nahrung und Kleidung das Notwendige zum Leben, 'sieht aber den Bruder', für den Christus gestorben ist, in leiblicher Not, der muß ihm helfen (1 Jo 3,19).

Verlange nicht, auf dieser Erde in Überfluß an Erdengut zu leben, denn schon viele sind darüber in Gefahren und ins Verderben geraten.

15

Freiwillig und freudig ertragene Armut gibt dem Menschen Kraft; Genuß und Reichtum hingegen entnerven ihn und machen ihn schlaff.

Unser Bauch gleicht einem Erpresser, denn er verlangt mit lautem Geschrei, daß wir unserer Eßgier den Tribut zahlen.

16

Doch ein guter Christ achtet nicht auf sein Geschrei, denn er folgt ihm nur soweit, als die Notwendigkeit und nicht die Gier es verlangt.

Die Augen der Unzüchtigen sind erfüllt von Ehebruch, sie brennen vor Gier. Gleich Spinnen umgarnen sie andere mit den Netzen ihrer Worte und Versprechungen und reißen sie mit sich hinab in den Abgrund.

17

Unzucht liebt das Dunkel; sie lebt in jenen Menschen, die im Dunkeln wandeln, die untätig und bequem sind. Schnell schleicht sie sich in eine Seele ein. Widerstehet also der ersten Regung.

Wie wir beim Bauen einer Mauer einen Stein zum anderen fügen, so fügen die Reichen Geld zu Geld, Haus zu Haus, Feld zu Feld und halten mit dem Mörtel ihrer Gier dies alles fest zusammen.

18

Der geizige Mensch bleibt im Grunde doch arm. Was er auch immer an Reichtum besitzt, er meint doch stets, er habe viel zu wenig.

Wehe also denen, die ihren Keller voll Wein und ihren Speicher voll Korn haben und doch ruhig ansehen können, wie die Armen Christi hungernd und nackt an ihre Türe klopfen.

19

Doch es kommt die Stunde, wo die Reichen selbst vor der Tür stehen und rufen: „Herr, Herr, tu uns auf“ (Lk 13,52). Sie werden aber dann zu hören bekommen: „Hinweg, ihr Verfluchten, in das ewige Feuer“ (Mt 25,12)!

Wie das Segel ein Schiff treibt, so treibt dich das Mitleid hin zu der Not deines Bruders.

20

Des Armen Habe ist sein Leben, und, wie das Leben vom Blut, so muß er davon leben. Nimmst du dem Armen sein geringes Gut, dann saugst du sein Blut.

Wenn heute ein Esel fällt, ist sogleich jemand da, der ihm aufhilft. Geht aber eine Seele zugrunde, kommt keiner, der ihr beisteht.

21

Echtem Mitleid genügt es nicht, nur leibliche Not zu lindern, es will auch helfen in seelischer Not und umgekehrt.

Es ist schwer, große Werke zu vollbringen und wegen solch großer Taten keine Selbstüberhebung in sich zu nähren.

22

Die Absicht ist die Seele der Tat.

Es kann einem Sünder nichts Schlimmeres zustoßen, als wenn ihn der Herr seiner Herzensbosheit überläßt und ihn nicht mit väterlicher Heimsuchung und Züchtigung zur Umkehr bringt.

23

Des Menschen Stolz wird zuweilen gerade durch Sünden gegen die Keuschheit gebrochen. Wer den versteckten Stolz nicht sehen will, den bringt oft genug der Unzucht Laster zur Einsicht und zur Scham.

Zunächst liegt in der Sünde Genuß, der vorübergeht; dann aber bleibt die Schuld, und wenn diese nicht gesühnt wird, folgt ewiger Tod.

24

Durch die Reue wird alles vergeben, alles ausgelöscht, wenn sie begleitet ist von dem Vorsatz, die Schuld zu beichten.

Manchem fehlt bei der Beichte die Sprache und er murmelt seine Sünden daher. Er schämt sich nur, daß er sie bekennen soll, nicht, daß er sie begangen hat.

25

Ich beichte zwar einem Menschen. Nicht als einem Menschen jedoch beichte ich ihm, sondern als dem Stellvertreter Gottes.

Wenn sich die Sonne verdunkelt und Sonnenfinsternis herrscht, verlieren alle Farben, alle trügerischen Ehren und Auszeichnungen ihre Pracht.

26

Wenn ich meinen Gott, meinen Geliebten, am Kreuze hängen, mit Nägeln angeheftet sehe, verbleicht alle Schönheit, alle Ehre, alle Auszeichnung, und alle vergängliche Pracht kommt mir vor wie ein Nichts.

Alles, was in Gottes Geboten dir schwer scheint, wird leicht und voll Wonne, wenn du die Liebe hast.

27

Der Gerechte kennt kein Gesetz, da er sich selbst zum Gesetz wird, hat er doch die Liebe, in der er nach seinem Gewissen lebt; er kann gehen, wohin er will, und tun, was er will.

All unser Mühen fruchtet nichts, wenn Gottes Hilfe uns nicht beisteht. Was mit Gottes Beistand begann, schreitet voran.

28

Gottes Schutz scheint uns leicht entbehrlich, solange wir ihn besitzen. Zu unserm eignen Nutzen entzieht ihn Gott zuweilen, damit wir dann erkennen, daß ohne Gottes Schutz der Mensch ein reines Nichts ist.

Die drei göttlichen Personen, die ‚in allen Menschen alles bewirken' (1 Kor 12,8), haben nicht alles *einem* Menschen, sondern allen Menschen gegeben.

29

Der Mensch soll also im Mitmenschen besitzen, was er nicht selbst hat, und so soll er voll Liebe und Demut bleiben.

Selig, wer Herr über seine Weisheit bleibt! Über seine Weisheit bleibt aber jener Herr, der sie nicht sich, sondern dem Herrn zuschreibt und nach der Lehre, die er andern predigt, selber lebt.

30

Darin liegt die höchste Weisheit: Jesus lieben und ihm nachfolgen.

Brigitta von Schweden

Gedanken

Einführung

„‚Schwedens größte Frau', deren Name einer der beliebtesten unter den Töchtern des Landes ist, hat den seltenen Ruhm, die Nationalheilige eines protestantischen Volkes zu sein." (K. Adalsten)

Brigitta von Schweden (1303–1373) war die Frau eines steinreichen Edelmanns und Mutter von acht Kindern. Sie kannte die quälenden Sorgen vieler Eltern, denn ihre Söhne waren nicht lauter Musterknaben.

Eines Tages vernahm sie beim Beten eine Stimme: „Frau, höre mich!" Sie mißtraute sich selbst und befürchtete Trug. Aber die Stimme sprach weiter: „Ich bin der Herr, dein Gott. Ich habe dich erwählt ... um dir meine Geheimnisse zu zeigen ... Du wirst mein Kanal sein."

Von nun an wird diese Familienmutter aus dem hohen Norden zur Prophetin Gottes, zum Gewissen ihrer Zeit. Ihre Mahnworte sind aufrüttelnd. An die verweltlichten Geistlichen z. B. schrieb sie: „Die Priester dieser Zeit nehmen die zehn Gebote und drängen sie in das eine Wort zusammen: ‚Gib Geld!'"

Brigitta, die Prophetin, gibt uns Worte Christi und Worte der Mutter Gottes. Sind ihre ‚Stimmen' echt? Im Evangelium lesen wir: „Beurteilt den Baum nach seinen Früchten."

Die römische Kirche hat jedenfalls die Echtheit ihrer Sendung bestätigt. Sie wurde sogar zusammen mit Katharina von Siena und Edith Stein zur Patronin Europas erklärt.

JULI

Gott handelt wie eine geschickte Wäscherin,
welche ihre Leinwand in die Wellen taucht,
um sie reiner und weißer zu machen, welche aber auch
gut darauf achtet, daß sie nicht untersinke.

1

So läßt Gott seine Freunde in Armut und Nöte geraten,
damit sie für die Ewigkeit geläutert werden.
Er behütet sie aber sorgsam, so daß sie nicht in
übergroßer Trübsal versinken.

Christus sprach zu Brigitta:
Was Ich zu dir rede, ist nicht für dich allein, sondern zur Belehrung und zum Heil auch für andere.

2

Wie das Gold an Wert und Schönheit alle anderen Metalle übertrifft, so übertrifft die Schrift, welche ihr die heilige nennt, alle Schriften; denn in ihr wird der wahre Gott geehrt und gelobt.

Es gibt keinen, der nicht verstehen und glauben kann, daß ich Gott bin, wenn er betrachtet, wie die Erde Frucht bringt und wie die Sterne dem Menschen dienen.

3

Alle, die glauben, daß das, woran sie festhalten, das Beste sei, weil ihnen niemals etwas anderes gepredigt worden ist, und die nach Kräften bemüht sind, Gutes zu tun, denen wird im Gericht meine Barmherzigkeit entgegenkommen.

Kein Mangel an Freude hat Gott genötigt, die Welt zu erschaffen; denn es ist unmöglich, daß es ihm an irgend etwas mangelt.

4

Seine unendliche Liebe allein bewog ihn, die Welt aus dem Nichts zu erschaffen, damit auch andere ewig an seiner unaussprechlichen Freude teilhaben können.

Um der Demut willen ist der Sohn Gottes
der Sohn der Jungfrau Maria geworden,
und ohne Demut gibt es keinen Weg zum Himmel.

5

Warum denn sind die Kinder der Welt bei Kritik und Beleidigung gleich so ungeduldig? Nur deshalb, weil sie die eigene Ehre mehr suchen als die Ehre Gottes.

Durch Überfluß im Genuß von Speise und Trank geht der böse Feind in die Seele der Menschen ein und macht den Leib unfähig, Gott zu dienen.

6

Der Leib ist so sehr zur Sünde geneigt, daß er sich, wenn er nicht in Zucht gehalten wird, durch die Sünde selber aufreibt.

Wenn die Qualen der Hölle sichtbar würden, so wie sie sind, so würde der Mensch vor Schrecken und Entsetzen erstarren und das Himmlische aus Furcht, nicht aus Liebe, suchen.

7

Weil aber niemand die himmlischen Freuden aus Furcht vor Strafe, sondern aus göttlicher Liebe verlangen soll, so bleiben die Strafen der Hölle verborgen.

Es gibt zwei Wege:
Obgleich der Weg der Gottesliebe am Anfang etwas schwer ist, so bringt er doch, wenn man auf ihm fortschreitet, so viel Freude, daß die Last, die früher unerträglich schien, später die allerleichteste wird.

8

Der zweite Weg ist die Liebe zur Welt.
Auf ihm gibt es Gold, kostbare Steine und Getränke, die wohlriechend scheinen, aber die, wenn sie gekostet werden, bitter sind wie Gift.

Maria sprach:
Es gibt zwei Mittel, um zum Herzen Gottes zu gelangen:
Das erste ist die Demut einer wahren Reue, denn diese führt den Menschen in das Herz Gottes.

9

Das zweite Mittel ist die Betrachtung des bitteren Leidens meines Sohnes, welche die Härte des menschlichen Herzens erweicht und es zum göttlichen Herzen hinzieht.

Christus sprach:
Wohl hätte Ich mir mein so bitteres Leiden erleichtern und es verkürzen können; allein Ich wollte dies nicht.

10

Da der Mensch mit allen seinen Gliedern gesündigt hatte, so mußte auch die Genugtuung mit allen meinen Gliedern geleistet werden: das erforderte meine Gerechtigkeit.

Meine Hände wurden ausgestreckt und festgenagelt, damit deine Hände sich in Milde nach den Armen ausstrecken.

11

Meine Augen waren voll Blut und Tränen, damit deine Augen sich aller Augenlust enthalten.

Bedenke, daß mein von Dornen durchbohrtes Haupt sich für dich am Kreuz in den Tod geneigt hat, auf daß dein Haupt lerne, sich in Demut zu neigen.

12

Mein Mund wurde mit Essig und Galle getränkt und jede Linderung seines Durstes wurde ihm verweigert, damit dein Mund für böse Reden stets verschlossen und nur für gute geöffnet sei.

Damit die Schuldigen erlöst würden, bin Ich, der Unschuldige, am Kreuze geblieben und habe durch meine Standhaftigkeit alles Unbeständige gefestigt und alles Schwache gestärkt.

13

Viele sagen: „Wozu starb Gott und welchen Nutzen hat sein Tod?“ – So vergelten sie es mir, daß Ich sie erlöst habe, daß Ich sie bewahre und ihnen Gesundheit und alles Notwendige schenke.

Das höchste Gut ist die Liebe, und ohne sie
gibt es kein Heil.

14

Der ist wahrhaft weise, der nur das Wort Lieben kennt.
Denn wer liebt, hält die zehn Gebote und gibt,
was Gottes ist.

Die Liebe ist ein so großes Gut,
daß auch nicht der geringste Gedanke der Liebe
ohne Belohnung bleiben wird,
um so weniger ein aus Liebe verrichtetes gutes Werk.

15

Die vollkommene Nächstenliebe besteht darin,
daß der Mensch den Bösen, auch wenn sie ihm noch so
viele Leiden bereiten, Gutes tut.

Siehst du den Nächsten Unrecht oder Verfolgung leiden,
so bemühe dich in herzlicher Liebe,
ihm bei den Großen und Mächtigen der Erde
Recht zu verschaffen.

16

Siehst du den Nächsten sündigen, so bitte Gott,
daß er sich seiner erbarme.

In Seelen, die erfüllt sind von sich oder von der Welt, kann der Heilige Geist nicht eingehen.

17

Der Heilige Geist erfüllte die Apostel, weil sie leere Gefäße waren. Sie hatten den festen Willen, die Keuschheit zu bewahren, in Armut zu leben und besaßen eine aufrichtige Demut.

Jeder, der anderen Gutes tut und nicht nach der Vergeltung der Menschen fragt, sondern bloß nach der, welche Gott ihm geben will, der wird das Ewige für das Zeitliche bekommen.

18

Liebe diejenigen, welche dich hassen und zu verkleinern suchen. Denn sie geben dir Gelegenheit, eine um so schönere Siegeskrone zu gewinnen.

Die ungeordnete Liebe besteht darin, daß das Fleisch mehr als die Seele geliebt, das Zeitliche eifriger als das Geistige gesucht, das Laster geehrt, die Tugend aber verachtet wird.

19

Geordnet ist die Liebe, wenn das Fleisch nur so weit geliebt wird, als zu seiner Erhaltung notwendig ist, wenn der Nächste um Gottes Willen geliebt wird und ein Freund um der Reinheit seines Wandels willen.

Viele dienen Gott mit ihren Werken, aber die unvollkommene oder schlechte Absicht, die sie dabei haben, raubt ihren Handlungen allen Glanz.

20

Wird aber der Wille vollkommen gebessert, so wird auch das Werk schnell geheiligt. Und selbst wenn das Werk fehlt, wird der gute Wille für dasselbe gerechnet.

Viele geben ihren eigenen Willen nicht preis, sondern tun ihn neben Gottes Willen. Sie haben eine gefährliche Stellung, denn sie wollen zwei Herren dienen, obgleich sie keinem von beiden gut dienen können.

21

Welcher Verrat könnte schrecklicher sein als jener, bei dem von zweien, welche durch ein unauflösliches Band miteinander verbunden sind, einer den andern verrät?

Wie die Hand eines Aussätzigen das Wasser, das sie aus einer Quelle schöpft, für alle, die es sehen, ekelerregend macht, so befleckt der Hochmut alle Werke des Menschen.

22

Was ist abscheulicher als die Seele, die sich in allen ihren Gedanken für mehr als andere hält und nicht erträgt, von jemandem zurechtgewiesen oder unterwiesen zu werden?

Wenn du auch die Gedanken gegen die heilige Reinheit, die dir in den Sinn kommen, nicht wirst verbannen können, so wird dir das Streben, es zu tun, schon die Krone erwerben.

23

Die Teufel fürchten und scheuen den Namen Maria. Sobald sie diesen Namen hören, lassen sie die Seele aus den Krallen, mit denen sie sie als ihre Beute festhielten.

Wie es nur *einen* Gott gibt, so gibt es nur *einen* Glauben in der Kirche Petri.

24

Petrus ist das Sinnbild des Glaubens der heiligen Kirche. Wie Petrus fest im Glauben stand bis zu seinem Tod, so besteht der Glaube der heiligen Kirche fest und wandellos durch alle Zeiten.

Der Herr sprach:
Vor den Worten der geheimnisvollen Wandlung ist das Brot nur Brot. Wenn aber das Wort gesagt wird: „Dies ist mein Leib", dann wird das Brot der Leib Christi.

25

Maria zu Jesus:
Dein Leib ist die beste Hilfe der Kranken; er gibt den Blinden das Gesicht, den Tauben das Gehör, den Lahmen den Gang und den Händen Arbeitsvermögen.

Maria sprach:
Mein weiter Mantel ist meine Barmherzigkeit, die ich keinem verweigere, der darum bittet; alle, die beten, werden im Schoß meiner Barmherzigkeit Schutz finden.

26

Niemand ist ein so großer Sünder oder mit so häßlichem Sündenschmutz behaftet, daß ich ihm nicht zu Hilfe käme, wenn er mich um Hilfe bittet.

Es gibt keine Mutter, die meinen Sohn über alles liebt und diese Liebe auch für ihre Kinder erbittet, der ich nicht sogleich zu helfen bereit wäre, damit ihre Bitte erhört wird.

27

Es gibt auch keine Jungfrau, die ihre Jungfräulichkeit bis zu ihrem Tod Gott bewahren möchte, welche zu schützen und zu stärken ich nicht bereit bin; denn ich bin in Wahrheit selbst eine Jungfrau.

Der Teufel ist hinterlistig wie der Fuchs, welcher sich schlafend oder tot stellt, damit die Vögel sich auf ihm niederlassen und er sie verschlingen könne.

28

Der Teufel läßt manchmal die Menschen frei von großen Versuchungen, um sie sicher zu machen und desto leichter fangen zu können.

Wenn die, welche die Gerechtigkeit kennen und imstande sind, sie zu verwirklichen, sich weigern, um Gottes Willen Bürde und Arbeit auf sich zu nehmen, wie soll das Volk stark und gesund bleiben?

29

Es ist weder erlaubt noch klug, viel Geld den Armen oder reichen Freunden und Verwandten zu geben, bevor nicht alle Schulden vollständig bezahlt sind.

Nur der Geldsack wird in Ehren gehalten. Dieser aber ist so tief, daß er nie voll werden kann. Der Sack ist die Begierlichkeit, welche kein Maß und keine Grenze kennt.

30

Alles zeitliche Gut soll gemeinsam und für alle Bedürftigen gleich sein; so gebietet es die Liebe. Aber du eignest dir um deines Überflusses willen an, was du aus Mitleid anderen geben sollst.

Wenn du auch manche siehst, die Böses tun, so weißt du doch nicht, wie es am nächsten Tag mit ihnen stehen wird. Darum sollst du keinen in deinem Herzen richten.

31

Wer immer in vollkommenem Glauben und gutem Willen die vier Worte spricht: „Jesus, erbarme dich meiner!“ gefällt mir besser, als wer Tausende von Versen ohne Aufmerksamkeit hersagt.

Maximilian Kolbe

GEDANKEN

Einführung

Auschwitz 1941.

Ein Gefangener ist aus dem Konzentrationslager entflohen.

Am Abend tritt Lagerführer Fritsch vor die Gefangenen. „Der Flüchtling ist nicht gefunden worden", brüllt er. „Zehn von euch werden dafür im Hungerbunker sterben." Er tritt an die erste Reihe heran und blickt jedem scharf ins Gesicht. Schließlich hebt er die Hand, zeigt mit dem Finger: „Der da!"

Bleich wie ein Leichentuch tritt der Mann aus der Reihe. „Der – und der – und der –."

Sie sind zehn. Zehn zum Tod Verurteilte. Einer von ihnen klagt: „Oh, meine arme Frau und meine Kinder!"

Plötzlich geschieht etwas Unerwartetes. Ein Gefangener tritt aus der Reihe und bleibt vor Fritsch stehen. Der Lagerführer greift nach seinem Revolver. „Halt! Was will dieses polnische Schwein von mir?!"

Der Gefangene antwortet ruhig: „Ich möchte anstelle dieses Verurteilten sterben!"

„Wer bist du?"

Die Antwort ist kurz: „Katholischer Priester."

Es folgt ein Augenblick des Schweigens. Schließlich entscheidet Fritsch mit heiserer Stimme: „Einverstanden! Geh mit ihnen!"

So starb der in Polen geborene Franziskaner Maximilian Kolbe mit erst 47 Jahren. Ein Mann, der die Welt erobern wollte durch die Liebe. Aber er wußte: „Keiner hat eine größere Liebe, als wer sein Leben gibt für den Geliebten."

AUGUST

Ein Heiliger, das ist wirklich nicht eine alter Knacker,
ein Tölpel, den man herumschubst.
Ein Heiliger muß munter sein, unternehmungslustig,
Freude haben an der Initiative.

1

Ich schreibe euch die Formel der Heiligkeit gleich
auf die Tafel:
w = W
Das kleine w ist *mein* Wille. Das große W ist Gottes Wille.

Ein Genie kann nicht jeder sein, aber der Weg zur Heiligkeit steht allen offen.

2

Ein Genie kann der Menschheit Nutzen bringen, oft aber auch Schaden zufügen. Napoleon war gewiß ein Führungsgenie, aber wieviel Blut hat er vergossen und wie geschwächt hinterließ er sein Land!

Der Heilige wandelt durch die Welt, nach dem Beispiel Jesu immer Gutes tuend. Wo er hinkommt, pflanzt er die Wahrheit und das Glück ein.

3

Die Heiligkeit ist kein Luxusartikel, sondern eine einfache Pflicht.
Christus sagt: „Seid vollkommen, wie euer himmlischer Vater vollkommen ist."

Der Mensch will von Natur aus vollkommener werden, und das nicht nur physisch und psychisch, sondern auch moralisch gesehen.

4

Und so treffen wir in der Geschichte immer wieder auf Menschen, die man höher einschätzte als die Masse der gewöhnlichen Menschen, die man sogar über die Gelehrten stellte: heilige Menschen.

Im Alten Testament ist der Begriff Heiligkeit schon ganz eng mit dem Gottesbegriff verbunden. So lesen wir im Buch Levitikus: „Seid mir geheiligt; denn ich, der Herr, bin heilig."

5

Erst Christus, der Herr, zeigte der Menschheit, als er auf die Erde kam, mit seinem eigenen Beispiel und mit seinem Wort den Weg zur wahren Heiligkeit.

Wesen der Heiligkeit ist Gottesliebe bis zum Heroismus.

6

Zeichen der Heiligkeit ist die Erfüllung des Willens Gottes, wie er besonders in den Geboten Gottes und der Kirche und den jeweiligen Standespflichten seinen Ausdruck findet.

Mittel zur Heiligkeit sind:
Erstens die ständige Selbstkontrolle, um Fehler zu erkennen und auszumerzen sowie Tugenden einzuüben, zu pflegen und zu höchstmöglicher Entfaltung zu bringen.

7

Zweitens das Gebet, durch das die Seele jene übernatürlichen göttlichen Gnaden erlangt, die zum geistlichen Fortschritt unerläßlich sind. Bei allen Heiligen nimmt das Gebet einen hervorragenden Platz ein.

Das Gebet erneuert die Welt. Es ist die Voraussetzung für die Erneuerung des Lebens in jeder Seele. Beten wir! Beten wir gut! Beten wir viel! Mit Worten und in Gedanken!

8

Stoßgebete festigen und reinigen die Seele. Sie lassen die Ströme der Gnade reichlicher fließen. Wie viele solcher Gebetsrufe kann man im Lauf des Tages und der Nacht aussprechen!

Das Gebet ist die Erhebung der Seele zu Gott. In der Praxis ist das nichts anderes als die Vereinigung unseres Willens mit dem Willen Gottes.

9

Mit Beten wollen wir immer schnell fertig sein, denn wir haben so viel zu tun. Wir vergessen, daß Beten das Wichtigste ist, um gut zu handeln.

Augustinus war sehr schlecht, ja sogar verkommen, aber er sagte sich: „Diese und jene konnten heilig sein, dann kannst auch du das, Augustinus!“
Und weil er *wollte,* wurde er heilig.

10

In letzter Zeit spricht man überall vom Krieg. Wie soll man sich auf so einen Krieg vorbereiten? Man muß sich das Ziel vor Augen halten: ich muß heilig werden.

Zur Liebe kann man niemanden zwingen.
Nur Liebe selbst weckt Gegenliebe. Auf solche Weise
wollte Gott den Menschen erobern.

11

Gott liebt uns unendlich und zeigte es uns,
indem er selbst auf die Erde kam,
um unter grausamsten Schmerzen
den schrecklichsten Tod zu erdulden
und damit den sündhaften Menschen zu erlösen.

Nicht weil uns die Nächsten sympathisch sind oder nützlich, weil sie reich und einflußreich, vielleicht auch dankbar sind, sollen wir sie lieben. All das wären niedrige Beweggründe.

12

Die Motive wahrer Nächstenliebe sind übernatürlich, sind in der Gottebenbildlichkeit und Gotteskindschaft des Menschen begründet.

Allen streckt die Liebe ihre Hand entgegen,
für alle betet sie, leidet sie und wünscht allen das Beste.
Sie will das Glück für alle, denn so will es Gott.

13

Besteht das Gute in der Liebe Gottes und in allem, was aus der Liebe hervorgeht, so ist das Böse seinem Wesen nach eine Verneinung der Liebe.

Kein Augenblick kehrt wieder.
Ist er gut gelebt, zählt er für die Ewigkeit.
Nur der Augenblick ist gut gelebt, in dem wir
den Willen Gottes erfüllen.

14

Sicher ist, daß nicht nur das Gleichgewicht der Nerven eine Quelle des Friedens ist; nicht weniger wirkt der innere Frieden auf das Gleichgewicht der Nerven.

Statt die Kultur zu verbreiten, streuten Massenmedien in unseren Zeiten den Samen der Lüge und der moralischen Fäulnis aus.

15

Meine Devise lautet: Jeden Fortschritt der Verherrlichung Gottes dienstbar zu machen und ihn in eine Eroberungswaffe umwandeln!
Der Film kann und muß dem sozialen Wohl dienen: es ist unsere Aufgabe, ihm die entsprechende Richtung zu geben.

Der Mensch will ein Glück, das unbegrenzt ist in seiner Intensität, in seiner Größe, in seiner Beständigkeit, in allem. So ein Glück ist nur Gott, die unendliche Quelle allen Glücks.

16

Das Glück, das nicht auf der Wahrheit gegründet ist, kann ebenso wenig von Dauer sein, wie die Unwahrheit von Dauer ist. Allein die Wahrheit ist das zuverlässige Fundament des Glücks.

Wer im Leben das Schwere zu vermeiden sucht und sich immer nur nachgibt, der kennt nicht das wahre Glück.

17

Ist das Leiden fern, so sind wir zu allem bereit. Aber jetzt, wo wir als Gefangene Gelegenheit haben, zu leiden, wollen wir diese nutzen, um viele Seelen zu gewinnen!

Jeder kann den Vorgeschmack des Himmels erfahren. Er soll nur wahrhaftig gewissenhaft, mit tiefer Reue und mit dem besten Vorsatz der Besserung seine Sünden beichten.

18

„Vergib uns unsere Schuld, wie auch wir vergeben unseren Schuldigern." Was für ein Glück ist es, daß wir soundso oft am Tage Gelegenheit haben, zu verzeihen.

Die wichtigste Buße ist die gute Verrichtung der gewöhnlichen, alltäglichen Aufgaben.

19

Es gibt kleine Bußwerke, die der Gesundheit nicht schaden, uns aber doch viele Gnaden vermitteln: z. B. daß man seine Neugierde etwas zähmt oder daß man sich gegenseitig verzeiht.

Im Theater kleidet sich der eine als König, der andere als Soldat und als Diener. Wer von ihnen ist der Würdigste? Ohne Zweifel der, der seine Rolle am besten spielt.

20

Wir dürfen uns nicht so sehr an Arbeit, an Amt, Würde und Ort klammern. Wichtig ist, daß jeder sich bemüht, den Willen Gottes zu erfüllen.

Sonne, Regen und Wind verhelfen dem Zweig zu Wachstum und Blüte, aber nur dann, wenn er am Stamme sitzt.

21

So ähnlich geht es mit der Seele, die dem Willen Gottes verbunden ist: Alles wird ihr zum Guten gereichen.

Welche überreiche Ernte erwartet uns hier in Japan, wenn wir Christen unseren Glauben wirklich leben! Nicht Worte beeindrucken die Japaner, sondern das Beispiel.

22

„Wer in mir bleibt, bringt mir reiche Frucht; denn getrennt von mir könnt ihr nichts tun.“ Wie stark die Verbindung mit Gott ist, das ist einzig und allein entscheidend für den Erfolg.

Wenn einer im moralischen Schmutz versunken ist, wird er keine Gelegenheit versäumen, zu beteuern, daß er an Gott nicht glaubt. Für ihn ist Gott einfach unbequem.

23

Wir Ordensleute können ohne weiteres in Baracken wohnen, geflickte Kleidung tragen, dürftig ernährt sein; aber im Dienst Gottes müssen wir die besten und neuesten Geräte benützen.

Wenn sich die Seele selbst zuschreibt, was eigentlich Geschenk Gottes ist – wird sie Gott dann noch weiterhin mit Gnaden überschütten? Er würde sie ja in ihrer Arroganz bestärken!

24

Gott wird der stolzen Seele den Reichtum seiner Gaben aus *Barmherzigkeit* versagen.

Gott wird sogar zulassen, daß die Seele fällt, damit sie endlich einsieht, was sie aus sich selbst ist und nicht weiter auf sich vertraut, sondern einzig und allein auf Gott.

25

Aber wehe der Seele, die auch das letzte Heilmittel nicht annimmt und in ihrem Stolze spricht: „Ich kann mich nicht bessern!"

Maria ist das vollkommenste aller Geschöpfe.
Darum gilt: wer sie ehrt, ehrt ihren Schöpfer.
Denn wer ein Kunstwerk bewundert, ehrt den Künstler.

26

Der Begriff ‚Gott' schließt das Unendliche in sich. So werden wir den Begriff ‚Muttergottes' nie erfassen. Doch gerade als Gottesmutter wurde sie aller Gnaden teilhaftig.

Unser Franziskanerorden hat den Vorzug, unter besonderem Schutz der Jungfrau Maria zu stehen. Schon bei Franziskus und Bonaventura war die Verehrung der Unbefleckten Empfängnis ein wesentliches Merkmal unseres Ordens.

27

Wie gut, tugendhaft, wie heilig Menschen sein mögen – keiner ist ohne Unvollkommenheiten. Einzig und alleine die Unbefleckte kennt vom ersten Augenblick ihres Daseins an keine, auch nicht die leichteste Sünde.

Ruft einer nur: „Maria!" – selbst wenn er aus tiefster Finsternis, Trockenheit oder Sünde fleht –, welchen Widerhall findet er in ihrem so liebevollen Herzen.

28

Der Satan will immer von neuem Verwirrungen und Komplikationen stiften, um dabei etwas zu gewinnen. Aber mit Hilfe der Unbefleckten können wir den Satan immer wieder besiegen.

Der Satan weiß, daß er immer siegen kann, wenn sich der Mensch nur natürlicher Mittel bedient. Aber er wird erzittern, wenn jemand höher greift, nach den übernatürlichen Mitteln im Gebet.

29

Deshalb gibt sich der Satan alle Mühe, die Seele vom Gebet abzuhalten. Er sorgt für Zerstreuungen, Unlust, Langeweile und ähnliches, und das spüren wir ja oft genug.

Es zeugt nicht von Verstand, wenn einer sich beispielsweise in die Untersuchung des Atoms oder anderer Wissensdetails vertieft, darüber aber vergißt, was das eigentlich letzte Ziel seines Lebens ist.

30

Niemand auf der Welt kann die Wahrheit verändern! Aber wir können und müssen sie suchen, finden und ihr dienen.

Wir müssen unser Leben für unser Ideal aufopfern und dürfen nicht unser Ideal unserem Leben unterordnen.

31

Ich kenne nichts Schöneres als das Wort Jesu: „Es gibt keine größere Liebe, als sein Leben hinzugeben für seine Freunde."

Vinzenz von Paul

Gedanken

Einführung

„Seine wunderbare Güte – das ist seine auffallendste Eigenschaft“ (Daniel Rops).

Eine Herzogin hatte eine Wut auf Herrn Vinzenz, weil er ihrem Sohn nicht zur Bischofswürde verhelfen wollte. Vinzenz hatte gute Gründe und blieb fest. Da geriet die Herzogin so in Harnisch, daß sie Vinzenz einen Schemel an den Kopf warf. Der Priester wischte sich das Blut ab, das ihm übers Gesicht lief, und bemerkte lediglich dazu: „Ist es nicht wunderbar, wie weit die Liebe einer Mutter zu ihrem Sohn geht?“

Vinzenz von Paul (1581–1660) war die ‚Mutter Teresa‘ des 17. Jahrhunderts. Nach Johann Wichern war er auf dem Gebiet der Caritas „der Unerreichte“.

Was war er für ein Mensch?

Er stand mit beiden Füßen auf dem Boden, ein aus dem Süden Frankreichs stammender Bauernsohn, der jede Notlage genau erfaßte. Aber er war auch ein Genie der Organisation, der die einzig vernünftige Lösung klar erkannte, und vor allem ein Heiliger, der diese Lösung zäh und selbstlos in die Tat umsetzte. Heute blüht sein Werk immer noch. Denken wir nur an die vielen Tausend Vinzentinerinnen, von denen schon Napoleon sagte, daß eine einzige das ganze humanitäre Geplapper der Philosophen zunichte mache.

SEPTEMBER

Die Regeln unseres Herrn besagen: ‚Selig sind die Armen', die der Welt aber: ‚Selig sind die Reichen'.

1

‚Selig sind, die Hunger und Durst haben nach der Gerechtigkeit'. Die Welt pfeift darauf. ‚Selig sind', sagt sie, ‚die auf ihr Vorwärtskommen in der Welt, aufs Großwerden bedacht sind'.

Wenn Ihnen der Gedanke kommt, Sie seien zu nichts zu gebrauchen, so sagen Sie sich: Um so besser, denn Gott hat die Gewohnheit, sich der untauglichsten Instrumente zu bedienen, um große Dinge zu vollbringen.

2

Gottes Güte fordert von uns, daß wir nie und nirgendwo Gutes tun, um dadurch bedeutend zu wirken.

Bemühen wir uns um eine demütige Gesinnung, aus der heraus wir die Handlungsweise unseres Nächsten im guten Sinne deuten und ihn in seinen kleinen Schwächen ertragen.

3

Wenn man sich vom Zorn ergriffen fühlt, sofort aufhören zu handeln, ja zu sprechen, und vor allem sich zu entscheiden, bis sich die Erregung gelegt hat.

Solange herzliche Hochachtung unter euch herrscht, ist euer Haus ein Paradies. Laßt ihr es daran fehlen und kommt ihr euch nicht gegenseitig in Liebe zuvor, wird euer Haus wie eine kleine Hölle sein.

4

Wie soll man mit lächelndem Gesicht auftreten, wenn das Herz traurig ist? Das ist durchaus keine Heuchelei. Es ist unwesentlich, ob dein Herz froh ist oder nicht; denn die Liebe beruht im Willen.

Nimm alles gut auf! Wer wahrhaft liebt, wird nicht so leicht durch ein Wort beleidigt.

5

Die, die alles schlecht auslegen, keinen Fehler entschuldigen wollen, immer auf ihrer Meinung bestehen und nie anderen recht geben wollen, die werden vom Geist des Teufels geleitet.

Wer den Verlust von Besitz, Gesundheit und Ehre erduldet hat, ist viel geeigneter, Menschen mit gleichen Nöten und Schmerzen zu trösten, als einer, der nicht ahnt, was das ist.

6

Christ sein und seinen Bruder leiden sehen, ohne mit ihm zu weinen, ohne mit ihm krank zu sein – das heißt ohne Liebe sein – ein bloß *gemalter* Christ!

Habe ein Herz für die Armen – ohne Maß wird dann dein Herzensfriede sein!

7

Die Liebe ist bis ins Unendliche erfinderisch.

Unser Herr kam, um den Menschen Seine erbarmende Liebe zu künden. So müssen auch wir unseren Mitmenschen mit zuvorkommender Herzensgüte begegnen, nicht aufdringlich und schwatzhaft, sondern höflich und wohlwollend.

8

Mit Hochachtung und Demut sollen wir die Armen behandeln. Denn – vergessen wir nicht – gleichgültig, ob wir sie grob behandeln oder voll Hochachtung sind, es richtet sich im Grunde gegen unseren Herrn.

Für glanzvolle Taten findet Gott genügend Arbeiter; jedoch für unscheinbares Wirken – da braucht Er noch viele.

9

Nein, meine Schwestern, nichts von allem, was wir sagen können, um unseren Nächsten zu ermahnen, daß er seine Pflicht tut, ist so wirksam wie das Beispiel.

Wer im Leben die Armen geliebt hat, wird im Augenblick des Todes ohne Furcht sein.

10

Behandelt die Armen gut, denn sie sind eure Herren. Oh, welch große Herren sind das für den Himmel! Es wird ihre Sache sein, uns dort die Tore zu öffnen.

Es ist wahr, daß die Krankheit uns viel besser als die Gesundheit sehen läßt, wer wir sind.

11

Die Krankheit ist der Prüfstein des Glaubens. Hier leuchtet die Hoffnung strahlend auf. Die Liebe zu Gott und alle Tugenden finden hier in weitem Sinne Möglichkeit, sich als echt zu erweisen.

Alles nur aus natürlicher Neigung tun, heißt wie ein Tier handeln.

12

Wir können nicht in übernatürlicher und christlicher Weise lieben, solange wir nicht bereit sind, auf selbstsüchtige Wünsche zu verzichten.

Fragt mich, wie lange ihr bei ein und demselben Vorsatz bleiben sollt, so antworte ich euch: solange ihr noch einen Hang zu dem Laster fühlt, das ihr bekämpfen wollt.

13

Wenn wir uns nach und nach, heute in dieser und morgen in jener Sache Verzicht auflegen, so werden wir endlich doch einmal unsere bösen Neigungen durch ganz entgegengesetzte Gewohnheiten ersetzen.

Sagen Sie mir bitte, kann es jemand übelnehmen, wenn man ihn auf einen Flecken im Gesicht oder auf der Bekleidung aufmerksam macht? Zweifellos nicht! Er wird ganz froh darüber sein.

14

Warum finden wir es also unangebracht, wenn man uns auf unsere Fehler hinweist? Wir sollten darüber froh sein und unsere Brüder sogar um diese Liebe bitten.

Der heilige Augustinus vergleicht die Menschen, die die kleinen Sünden allzu leicht nehmen, mit einem Schiff, in dem unten ein kleines Loch entsteht.

15

Wäre das Loch groß gewesen, so hätte man den Schaden abgestellt; weil es aber nur ein Löchlein ist, achtet man nicht darauf. Dabei bringt es das Schiff zum Sinken.

Was meint ihr, was Gott anbeten heißt? Das heißt, ihm die Ehre erweisen, die nur ihm allein gebührt, und ihn als euren Schöpfer und höchsten Herrn anerkennen.

16

Gott verfehlt nie, uns zu helfen, wenn die Zeit da ist und wenn wir von unserer Seite aus alles getan haben, was wir konnten.

Alles mit Liebe tun, das heißt: alles in Gott tun,
denn Gott ist die Liebe!

17

Fest steht, daß alle Werke, die man rein menschlich verrichtet, ohne ihnen ein höheres Ziel zu geben, wie den Willen Gottes zu erfüllen, tote Werke sind. Sie sind wie Münzen, die nicht gültig sind.

Sollen wir hier wie Stubenhocker, herzlos und faul, herumsitzen?
Sollen wir die anderen sich Gefahren aussetzen sehen im Dienste Gottes und uns angsterfüllt wie begossene Pudel benehmen?

18

Geben wir uns Gott, meine Herren, um Sein heiliges Evangelium über die Erde zu tragen. Das Heil der Völker und unser eigenes Heil sind ein so großes Gut, daß es sich lohnt, es zu erobern.

Wie predigten die Apostel?
Ganz einfach, ungezwungen und ungekünstelt.
Und das ist auch unsere Art zu predigen, so daß es jeder verstehen und seinen Nutzen daraus ziehen kann.

19

Gott befiehlt bloß, die Netze auszuwerfen, aber nicht, Fische zu fangen, weil Er es ist, der sie ins Netz gehen läßt.

Oft erweist uns Gott größere Gnaden, wenn er uns das verweigert, um was wir ihn bitten, als wenn er es gewährt. Er weiß besser als wir, was für uns gut ist.

20

Der Bildhauer muß zum Hammer greifen und alles Überflüssige wegschlagen. Er schlägt so heftig auf den Stein los, daß ihr meint, er zerschmettere ihn. Gott verfährt mit uns ebenso.

Gott gibt selbst einer guten Sache nicht immer gleich Erfolg, damit jene an Verdienst wachsen, die sich um das gute Werk bemühen. Die Länge der Arbeit, die Geduld und das Beten lassen sie reifer werden.

21

Unser Grundsatz sei: Niemals erstaunt sein über die Schwierigkeiten der Gegenwart, nicht mehr als über einen vorübereilenden Wind! Ein wenig Geduld – und siehe: sie verschwinden.

Euer erster Gedanke beim Aufstehen soll Gott gelten. Bringt ihm alle eure Gedanken, alle eure Worte und Werke des kommenden Tages dar. Faßt den Vorsatz, nichts zu tun, was ihm mißfallen könnte.

22

Hat jemand gebeichtet und seine Sünden bekannt, so hat er großen Frieden und Ruhe. Woher kommt diese Wandlung? Daher, daß dieser Mensch seine Wunden bloßlegt und das Heilmittel dafür erhalten hat.

Freuen wir uns, wenn dem anderen etwas gelingt und wenn er uns an Ehre und Ansehen, an Talenten, Gnaden und Tugenden übertrifft.

23

Man tötet jemand, wenn man ihm seine Ehre raubt.

Bedenkt, daß ihr den Kranken Vater und Mutter seid, und widersprecht ihnen nur in dem, was schädlich für sie ist; denn hierin ist es grausam, ihnen zu gewähren, was sie verlangen.

24

Seid besorgt um alles, was die Kranken brauchen, und achtet ganz besonders darauf, welche Hilfe ihr ihnen zu ihrem Heil leisten könnt. Sie dürfen nicht ohne Sakramente sterben.

Ein Arzt, der vor einer Krankheit bewahrt, hat ein größeres Verdienst als jener, der sie heilt. Das ist das Verdienst eines guten Erziehers.

25

Es ist eine hohe Ehre, die Waisenkinder, die Kinder des lieben Gottes, von klein auf zu erziehen: ein Glück, eine Berufung für Auserwählte, ein heiliges Werk.

Wenn man mit jemandem disputiert, so merkt dieser, daß man die Oberhand behalten will. Darum bereitet er sich eher zum Widerstand vor als zur Erkenntnis der Wahrheit.

26

Nie glaubt man einem Menschen, weil er klug ist, sondern weil man ihn schätzt und liebt.

Manchmal bedarf es nur eines sanften Wortes, um einen verstockten Sünder zu bekehren, während ein scharfes Wort in ihm eine Bitterkeit auslösen kann, die ihm sehr schädlich sein könnte.

27

Ich habe nur dreimal in meinem Leben scharfe Worte gebraucht, jedesmal ohne Erfolg. Dagegen habe ich mit Sanftmut stets erreicht, was ich erreichen wollte.

Wissenschaft ist nicht absolut notwendig, um zu regieren. Wenn aber Wissenschaft, Führungsgeist und gesunde Urteilskraft sich in der gleichen Person vereinen – Gott! Welch ein Schatz!

28

Es ist nicht nötig, der Vorsehung vorauszueilen. Aber sobald die Vorsehung den Weg geöffnet hat, braucht man nicht mehr im Schritt zu gehen, sondern sollte laufen.

Der Teufel führt die tapferen Seelen gern damit hinters Licht, daß er sie anspornt, mehr zu tun, als sie zu tun vermögen, damit sie praktisch nichts erreichen können.

29

Gottes Geist aber spornt sacht an, das Gute zu tun, das man vernünftigerweise tun kann, damit man es dann beharrlich und lange tut.

Ihr müßt euch selbst fragen:
‚Was möchtest du in deiner Todesstunde getan haben?'
Was man in dieser Stunde getan haben möchte,
das muß man jetzt tun.

30

Wir müssen laufen, dem Mitmenschen in seinen Nöten beizustehen, wie man zum Feuerlöschen läuft.

Teresa von Ávila

Gedanken

Einführung

Kann man die Seele eines Volkes mit *einem* Wort charakterisieren?

Salvador de Madariaga behauptet, daß die spanische Seele durch eine Haupteigenschaft bestimmt sei: la pasión – die Leidenschaft.

Wenn das zutrifft, dann verdient Teresa von Ávila es wirklich, Schutzpatronin Spaniens zu sein. Denn sie ist tatsächlich *die* leidenschaftliche Frau. Siehe etwa ihre Definition der Nächstenliebe: „Was heißt es, den Nächsten zu lieben? Es heißt, leidenschaftlich zu wollen, daß er Gott liebt. Denn nur so kann er auf Dauer glücklich sein."

1970 wurde diese hinreißende Frau zur *ersten Kirchenlehrerin* ernannt. Damit steht Teresa von Ávila (1515–1582) an der Seite von 30 gelehrten Männern wie Augustinus und Thomas von Aquin.

Welches „Fach" unterrichtet Teresa als Kirchenlehrerin? Sie lehrt uns das Gebet. Ihr „Weg der Vollkommenheit" ist eine klassische Einführung in das Gebet. Doch das Gebet fordert drei Voraussetzungen: Opferbereitschaft („Dein Wille geschehe"), Nächstenliebe („Geh, versöhne dich zuerst", Mt 5,24) und Demut („Herr, sei mir Sünder gnädig", Lk 18,13).

Als Mustergebet, das uns nicht nur lehrt, um *was* wir bitten sollen, sondern vor allem, *wie* wir bitten sollen, wird dann das „Vater unser" in diesem Werk einmalig erklärt.

Da ist die große Karmelitin von brennender Aktualität. Um die Seele des müden Konsummenschen wieder zu beleben, genügt ihre einfache Losung: „Vater unser".

OKTOBER

Es ist erschütternd, wenn jemand behauptet,
alles zu wissen und sich noch für bescheiden hält.

1

Es ist kein kleines Kreuz, wenn man seinen Verstand jemandem unterordnen muß, dem es daran fehlt. Persönlich ist mir das niemals gelungen, und ich glaube auch nicht, daß es notwendig ist.

Die ihr den Freuden und Vergnügungen der Welt nachjagt
und gewohnt seid, immer nur euren Willen zu tun,
habt doch Erbarmen mit euch selbst. Warum wollt ihr
nicht ewig leben?

2

Wie schnell sind wir bereit, Gott zu beleidigen,
und wie viel schneller noch ist er bereit, uns zu verzeihen.

Wäre unsre Schwachheit nicht so groß und unsre
Andacht nicht so lau, so würde das ‚Vater unser'
alle anderen Gebete hinreichend ersetzen.

3

Es ist weitaus wertvoller, von Zeit zu Zeit eine
einzige Bitte des ‚Vater unsers' zu beten, als das ganze
‚Vater unser' öfters gedankenlos zu sprechen.

Wenn Gott unser Vater ist, dann muß er uns ertragen
trotz der Schwere unserer Sünden.
Er muß uns verzeihen, wenn wir zu ihm zurückkehren
wie der verlorene Sohn.

4

Als Vater muß Gott uns auch ernähren, denn er ist
bestimmt besser als alle Väter der Erde. Und mehr als das,
er muß uns zu Erben seiner Reichtümer machen.

Wo Gott ist, da ist der Himmel. Bedenkt dabei, was Augustinus sagt. Nachdem er Gott überall gesucht hatte, fand er ihn in sich.

5

Hätte ich früher erkannt, wie ich das jetzt weiß, daß der winzige Palast meiner Seele einen so großen König beherbergt, dann hätte ich ihn nicht so häufig darin allein gelassen.

Der Herr verlangt zwei Dinge von uns: Liebe zu ihm und zum Nächsten. Darum haben wir zu ringen. Üben wir sie aufrichtig, dann erfüllen wir seinen Willen und sind eins mit ihm.

6

Das sicherste Merkmal, daß wir das Gebot der zweifachen Liebe erfüllen, ist die treue Liebe zum Nächsten. Denn ob wir Gott lieben, kann man nicht wissen; aber ob wir den Nächsten lieben, das merkt man.

Bittet den Herrn, daß er euch die Vollkommenheit der Liebe zum Nächsten schenke. Und laßt ihn machen! Er wird euch mehr schenken, als ihr wünschen könnt.

7

Was heißt es, den Nächsten zu lieben? Es heißt, leidenschaftlich zu wollen, daß er Gott liebt. Denn nur so kann er auf die Dauer glücklich sein.

Die Liebe aber besteht nicht in wonnigen Gefühlen der Andacht, sondern in dem festen Entschluß, in allen Stücken Gott gefallen zu wollen.

8

Ein sicherer Beweis, daß man Gott liebt, ist, wenn man gleicherweise in Freude und in Leid Gutes tut aus Liebe zu ihm.

Die beste und stärkste Waffe zur Eroberung des Himmels ist die Geduld in Prüfungen.

9

Wem Gott keine körperlichen Kräfte schenkt, der bedarf ihrer auch nicht. Der Herr ist zufrieden, wenn jeder gibt, was er hat.

Jesus sagt nicht: „Vergib uns unsere Schuld, wenn wir große Buße tun" oder „wenn wir bereit sind, für dich zu sterben." Er sagt nur: „Vergib uns, wenn wir andern vergeben."

10

Der Herr weiß, wie sehr wir an unserer Ehre hängen. Daher ist ihm nichts lieber, als wenn wir verzeihend auf unsere ‚Ehre' verzichten.

Es gibt eine sehr gefährliche Versuchung: teuflische List flößt uns die Gewißheit ein, unmöglich in frühere Schuld fallen zu können.

11

Gestärkt durch eine solche Sicherheit macht man sich nichts daraus, sich wieder in die Gelegenheit zur Sünde zu wagen, und fällt so aufs neue. Der Teufel aber versäumt nichts, uns am Aufstehen zu hindern.

Verbirg deine Versuchungen und Fehler vor jenen, die weniger als du vom Leben erprobt sind, sonst schadest du ihnen und dir selbst. Rede darüber nur mit reifen Menschen.

12

Mögen alle Geschöpfe mich verfolgen und die Teufel mich peinigen: du, Herr, verläßt mich nicht. Aus Erfahrung weiß ich, mit welcher Macht du jene befreist, die auf dich allein vertrauen.

Zur Zeit der Traurigkeit unterlasse deine Gebete nicht. Der böse Feind versucht, dich zu verwirren, damit du sie unterläßt. Bete im Gegenteil mehr als sonst, und du wirst sehen, wie schnell der Herr dir hilft.

13

Wer das Gebet übt, bleibt nicht lange in der Sünde. Denn entweder wird er das Gebet oder die Sünde lassen, weil Gebet und Sünde nicht nebeneinander bestehen können.

Ehrsucht trachtet fast immer nach Reichtum. Tatsächlich findet man kaum einen Bedürftigen, der von der Welt geehrt wird.

14

Man darf nicht jedem Theologen trauen. Folge nur jenen, die getreu das Leben Christi nachahmen.

Solange jemand allein lebt, kann er sich leicht für heilig halten; erst in der Gemeinschaft wird er spüren, ob er wirklich demütig und geduldig ist.

15

Ich möchte über keinen Menschen etwas erfahren oder sagen, wovon ich nicht wollte, daß man es von mir sage.

Ich dachte nach, was ich wohl tun könnte, der Menschheit zu helfen. Ich kam auf den einfachen Gedanken, damit anzufangen, mich in meinem eigenen Beruf zu vervollkommnen, und meine Ordensregel mit größter Treue zu befolgen.

16

Es kommt vor allem darauf an, entschlossen zu beginnen. Die Seele, die entschlossen beginnt, hat schon einen guten Teil ihres Weges hinter sich.

Der Satan erregt manchmal in uns den Wunsch
nach gewaltigen Taten, damit wir nicht nach dem
Nächstliegenden greifen.

17

So versäumen wir es, Gott mit dem Möglichen zu dienen,
und begnügen uns am Ende damit, daß wir das
Unmögliche ersehnen.

Ich überlegte mir einmal, warum unser Herr so sehr
die Demut liebte. Da kam ganz unvermittelt die Einsicht:
weil Gott die höchste Wahrheit ist, die Demut aber
nichts anderes als in Wahrheit wandeln.

18

Wandel in der Wahrheit: Es ist gewiß, daß wir in uns
selbst nichts Gutes haben, sondern nur Armseligkeiten
und Nichtigkeiten. Wer dies nicht erkennt, wandelt
in der Lüge.

Das Bauwerk geistlichen Lebens hat Demut zum
Fundament, und wenn diese nicht vorhanden ist,
so wird der Herr den Bau nicht weit in die Höhe führen;
sonst würde alles einstürzen.

19

Um gute Fundamente zu legen, müßt ihr danach streben,
der Geringste zu sein und der Sklave aller.
Ihr müßt anderen Freude bereiten und ihnen dienen.

Wenn wir mit innigem Glauben und großer Liebe zum Tisch des Herren gehen, so meine ich, eine einzige Kommunion genügte, uns überreich zu machen. Um wieviel mehr vermag ein noch öfterer Empfang!

20

Die abendliche Gewissensforschung verrichte mit großer Sorgfalt!

Wer Gottesfurcht hat, meidet auch die Gelegenheit zur Sünde.

21

Wer keine Gottesfurcht hat, trägt bei zu den Schwächen der andern. Aber wer keinesfalls Gott beleidigen will, der vermag schon durch seine Gegenwart den anderen zu stützen.

Wenn die irdischen Güter fehlen, nehmen die inneren Güter zu, und diese sättigen uns weit besser und verleihen uns einen größeren Frieden.

22

Ich habe mehr geistiges Leben und äußere Freude gesehen, wenn der Leib nur das Notwendigste hat, als wenn er in einem großen Haus ein bequemes Dasein führt.

Was uns an die vergängliche Welt bindet, ist eine Kette, die Gott allein durchfeilt, vorausgesetzt, daß wir beten und das Unsrige tun.

23

Das Kreuz fühlt nur derjenige,
der es gezwungenermaßen nachschleppt.
Wer es dagegen umfängt und willig auf sich nimmt,
empfindet die Beschwerde nicht.

Ich möchte, meine Töchter würden sich mehr um Schlichtheit als um große Worte mühen; denn Einfachheit ist das eigentliche Merkmal der Heiligen.

24

Bemüht euch, gegen alle möglichst freundlich zu sein. Dieser Rat ist besonders wichtig für Schwestern; je heiliger sie sind, desto liebenswürdiger werden sie mit ihren Mitschwestern sein.

Stört dich ein Fehler eines andern,
so übe an dir selbst das entgegengesetzte Gute.
Denn Beispiel wirkt mehr als Worte.

25

Es ist etwas Großes, sich allen anzupassen und ihre Schwächen zu ertragen.

Wie entsetzlich ist doch die Sünde, die einen Gott durch so große Schmerzen töten konnte! Wie sehr bist du mein Heiland, von unseren Sünden umgeben. Von allen Seiten schlagen sie dir Todeswunden.

26

Noch wichtiger, als einem Hungernden zu essen zu geben, ist es, für die in Todsünde lebenden zu beten.

Es bedeutet nicht viel, wenn man Geld herschenkt, denn der Schmerz, den das bereitet, ist meistens sehr gering.

27

Trachtet danach, dem Nächsten die Mühe abzunehmen und sie euch selbst aufzuladen.

Groß ist die List des Satans, der die Hölle in Bewegung setzt, um uns glauben zu machen, wir hätten eine Tugend, die wir in Wirklichkeit gar nicht besitzen.

28

Satan richtet damit viel Schaden an, weil diese eingebildeten Tugenden, ihrer Herkunft entsprechend, stets von Ehrsucht begleitet sind.

Immer sollen wir danach streben, die Wahrheit zu erkennen. Dann werden wir diese Welt gering achten, in der alles Falschheit ist und die darum nicht dauern kann.

29

Herr, liebe jene, die dich nicht lieben; öffne jenen die Tür, die dich nicht rufen; heile jene, die gern krank sind und selbst die Krankheit herbeiführen.

Bedenke, wie schnell sich die Menschen ändern und wie wenig man sich auf sie verlassen kann. Halte dich fest an Gott, der unveränderlich ist.

30

Mir wird man nie etwas abgewinnen, wenn ich sehe, daß es gegen mein Gewissen ist, und wenn darüber auch die Welt in Trümmer ginge.

Mut, mehr oder weniger zu leiden, hängt immer vom Maß der Liebe ab.

31

Es kommt nicht darauf an, viel zu denken, sondern viel zu lieben. Darum tut das, was in euch am meisten Liebe weckt.

Franz von Sales

GEDANKEN

Einführung

Ein Mann, der Franz von Sales oft angepumpt hatte, bat ihn noch einmal, ihm 20 Silberstücke zu leihen. „Diesmal", sagte Franz freundlich, „habe ich ein Mittel gefunden, wobei wir beide 10 Silberstücke gewinnen können: Statt Ihnen 20 Silberstücke zu leihen, will ich Ihnen 10 schenken!"

*

Hier spürt man, wer Franz von Sales ist: einer, der die Menschen kennt und sie trotzdem liebt.

In der Neuzeit gibt es einige große Menschenkenner, die die Menschen kennen und doch lieben: Vinzenz von Paul, Don Bosco, Johannes XXIII., Johannes Paul I.; sie sind alle Schüler des bei Annecy in Savoyen geborenen Franz von Sales (1569–1622). Sie alle bekennen sich zu seinen zwei Grundsätzen: „Alles aus Liebe, nichts aus Zwang" und „Hätte eine Handlung hundert Gesichter, so sollst du das schönste ansehen."

*

Im 20. Jahrhundert wurde Sales zum Schutzheiligen der Schriftsteller ernannt.

Als er einmal gefragt wurde, welche Bücher er am meisten empfehle, sagte er: „Die Bücher aller Autoren, deren Namen mit ‚S' anfangen: Sankt Augustinus, Sankt Thomas, Sankt Bernhard usw."

Die Nachwelt fügte noch einen S-Autor hinzu, nämlich Sales selber! Seine „Philothea" erlebte bis heute über 1000 Auflagen!

NOVEMBER

Wer die üble Nachrede aus der Welt schaffen könnte, hätte sie von einem großen Teil der Sünden und Bosheit befreit.

1

Ich beschwöre dich also, niemals weder offen noch heimlich von irgend jemand lieblos zu reden.

Sag nicht: der ist ein Trinker, weil du ihn einmal betrunken gesehen hast. Denn eine einzige Tat bezeichnet nicht schon eine Eigenschaft.

2

Suche den, der Liebloses spricht, auf sanfte Art umzustimmen; weißt du etwas Gutes über die Person, von der gesprochen wird, dann erzähle es.

Von allen irdischen Gütern ist der Ruf das wertvollste.

3

Hüte dich, gute Handlungen schlecht auszulegen und das Gute, das du an jemand kennst, durch Bosheit zu verdrehen und durch Worte herabzusetzen.

Unsere Worte soll man stets gut aufnehmen, wir dagegen sind empfindlich gegen die kleinste Kritik der anderen und regen uns darüber auf.

4

Den Nächsten klagen wir wegen des kleinsten Vergehens an, uns selbst aber entschuldigen wir auch bei schweren Verfehlungen; für die anderen soll die strenge Gerechtigkeit gelten, für uns aber Barmherzigkeit und Nachsicht.

Gott gab dem Menschen die Vernunft, damit sie ihn führe. Aber die meisten lassen die Herrschaft nicht ihr, sondern den Leidenschaften.

5

Wir sind Menschen nur durch die Vernunft, und doch gibt es selten wirklich vernünftige Menschen, weil die Eigenliebe gewöhnlich unsere Vernunft trübt und uns in tausenderlei Ungerechtigkeiten und Schlechtigkeiten hineintreibt.

Wenn es auch nicht immer gut ist, unbedingt alles herauszusagen, was wahr ist, so ist es doch nie gestattet, die Unwahrheit zu sagen.

6

Hast du aus Unachtsamkeit gelogen, dann stelle womöglich sofort durch Erklärung oder Zurücknahme deine Behauptung richtig.

Wenn man auch vorsichtig sein muß, um nichts Böses vom Nächsten zu sagen, so muß man sich ebenso vor der anderen Übertreibung hüten, das Schlechte zu loben.

7

Wenn jemand lieblose Reden führt, dann sag nicht zu seiner Entschuldigung, er spreche frei und offenherzig.

Krokodile schaden nur denen, die sie fürchten, und die üble Nachrede schadet nur denen, die sich darüber aufregen.

8

Wenn man also sagt, du seist ein Heuchler, weil du fromm sein willst, wenn man dich für feige hält, weil du Beleidigungen verzeihst, so lache darüber!

Klage so wenig wie möglich über erlittenes Unrecht. Wer sich beklagt, kommt gewöhnlich nicht ohne Sünde davon. Denn die Eigenliebe läßt uns die Beleidigung meist größer erscheinen, als sie ist.

9

Glaubst du, dich aussprechen zu müssen, um dir Luft zu machen, dann tu es nur mit gottliebenden Menschen. Denn andere würden dir den Dorn nur noch tiefer in den Fuß hereindrücken, statt ihn herauszuziehen.

Es kommt oft vor, daß zwei gute Menschen, beide in der besten Absicht, wegen Meinungsverschiedenheiten einander das Leben schwer machen.

10

Sag und tue alles, was zu sagen und zu tun ist, in freundlicher Stimmung!

Wir dürfen nicht mutlos werden, vielmehr sollen wir in heiligem Vertrauen unser Herz zu Gott erheben.

11

Der Grund zum Vertrauen liegt ja in Gott, nicht in uns. Wenn wir uns auch ändern, ER ändert sich nie und ist immer gleich gut und barmherzig mit uns, ob wir schwach und unvollkommen oder stark und vollkommen sind.

Ein echtes Zeichen von Demut ist es, liebevoll und freundlich zu denen zu sein, die uns unsympathisch sind, und im Verkehr mit ihnen bescheiden, ruhig und gelassen zu bleiben.

12

Wir sollen jedem Menschen mit herzlicher Teilnahme begegnen, aber wir sollen Freundschaft nur mit solchen schließen, die uns im Guten fördern.

Echte Freundschaft hat einen klaren, ungetrübten Blick; sie braucht sich nicht zu verbergen, sondern zeigt sich gern vor guten Menschen.

13

Am Freunde darf man Sünden durchaus nicht dulden, geschweige denn unterstützen. Man läßt doch einen Menschen, den man liebhat, nicht untergehen, ohne etwas zu seiner Rettung zu tun!

Unter Flirt versteht man leichtfertige Freundschaften zwischen Personen verschiedenen Geschlechtes ohne ernste Eheabsichten.

14

Nach einer alten Sage fängt die Pflanze Aproxis Feuer, sobald sie Feuer sieht.
So ergeht es auch unserem Herzen: sobald es merkt, daß ein anderer in Liebe zu ihm entflammt ist, fängt es selbst Feuer.

Vielleicht meint einer:
„Ich will wohl ein wenig davon kosten, aber nicht zu weit gehen." Darin täuscht er sich leider.
Du kannst dir nicht vorstellen, wie versengend und verzehrend dieses Feuer der Liebe ist.

15

Du meinst, nur ein kleiner Funke sei in dein Herz gefallen, und mußt erstaunt feststellen, wie dein Herz plötzlich in hellen Flammen steht, die deine guten Vorsätze in Asche legen und deinen guten Ruf in Rauch aufgehen lassen.

Die kleinen Versuchungen sind so unermeßlich an Zahl, daß der Sieg über sie dem Sieg über große Versuchungen gleichkommt. Es mag leicht sein, einen Mord zu unterlassen, aber es ist schwer, kleine Zornausbrüche zu unterdrücken.

16

Es mag einem Mann oder einer Frau leicht sein, den Ehebruch zu vermeiden, aber es ist schwer, sich vor Liebeleien zu hüten, sie nicht hervorzulocken durch unangebrachte Gunsterweisungen und Schmeicheleien.

Die Neigung, der Versuchung nachzugeben, kommt daher, daß unsere Natur das Gute so sehr liebt und sich zu allem hingezogen fühlt, was ihr gut scheint.

17

Nun kann aber nur der Glaube zwischen wahren Gütern und Scheingütern unterscheiden. Lebendiger Glaube ist daher eine starke Schutzwehr.

Das Kopfweh und die Zahnschmerzen, die üble Laune des Mannes oder der Frau, ein zerbrochenes Glas, ein geringschätziges Wort: all diese kleinen Leiden in Liebe angenommen und ertragen, erfreuen die göttliche Güte überaus.

18

Da sich die Gelegenheit zu den vielen täglichen kleinen Leiden sehr oft bietet, können wir durch sie große geistliche Reichtümer aufhäufen, wenn wir sie gut benützen.

Man hat nicht oft die Gelegenheit, Starkmut, Großmut, Freigebigkeit zu üben; aber Sanftmut, Maßhalten, Redlichkeit, Demut sollen alle Handlungen unseres Lebens prägen.

19

Zucker schmeckt besser als Salz, aber Salz braucht man öfter. Deshalb sollen wir auch diese Tugenden immer bereit haben, da wir sie praktisch immer brauchen.

Die christliche Vollkommenheit besteht darin,
das zu wollen, was Gott will.
In manchen Dingen ist der Wille Gottes klar, wie etwa
in seinen Geboten oder in unserer Berufsaufgabe.

20

Auch andere Dinge, wie die großen Prüfungen des Lebens, sind eindeutig der Wille Gottes: so Krankheiten, Todesfälle, Dürre, Verluste …

Aber wir müssen einen Schritt weiter gehen: nämlich den Willen Gottes nicht nur in den großen Prüfungen sehen, sondern auch in den kleinen Pannen und Unannehmlichkeiten des Alltags.

21

Manche bereiten sich z. B. auf den Tod vor, der ihnen nur einmal zustoßen wird, aber sie sind gar nicht darauf vorbereitet, die Launen der anderen zu ertragen, wozu es Gelegenheiten gibt bis hundertmal am Tag.

Bei den läßlichen Sünden begnüge dich nicht damit, die Tatsachen zu nennen, sondern beichte auch die Beweggründe dazu.

22

So begnüge dich nicht mit dem Bekenntnis, daß du gelogen hast, sondern sag auch, ob es aus Eitelkeit geschehen ist, um dich zu entschuldigen, ob zum Scherz oder aus Eigensinn.

Durch die Beichte erhältst du nicht nur die Lossprechung von den läßlichen Sünden, die du bekennst, sondern darüber hinaus viel Kraft, um sie in Zukunft zu meiden.

23

Laß nicht zu, daß die Sünde dich lange Zeit schwach und kraftlos macht, da du ein so leichtes Heilmittel hast wie die Beichte.

Als Maria den Sohn Gottes empfangen hatte, da galten alle ihre Gedanken nur dem geliebten Kind, das sie im Schoße trug, und sie frohlockte vor Freude über die Gegenwart ihres Gottes.

24

Die gleiche Freude erleben wir nach der heiligen Kommunion, denn der Glaube gibt uns Gewißheit, daß dann der Heiland mit Leib und Seele in uns wohnt.

Geh zum Heiland uns sage ihm, daß du ihn liebhaben willst!
Das ist gegen jegliches Übel die rechte Arznei.

25

Wenn man das Leben und Leiden des Heilandes oft betrachtet, wird die Seele von ihm erfüllt, man lernt seine Art und Weise kennen und die Handlungen nach den seinen zu formen.

Lange Erkrankungen sind gute Schulen der Nächstenliebe für diejenigen, die sie pflegen, und liebevoller Geduld für die von ihnen Befallenen.

26

Man muß nicht nur das Kranksein ertragen, sondern auch die Art der Krankheit, wie Gott sie will, wo er sie will, bei welchen Menschen und mit allen Unannehmlichkeiten, die er will.

Hüte dich vor Eile, vor Traurigkeit und Ängstlichkeit.
Du möchtest um nichts in der Welt Gott beleidigen?
Das genügt vollauf, um froh zu leben!

27

Begnüge dich nicht mit dem Ertragen dieser oder jener Widerwärtigkeit, sondern sei bereit, alles zu erdulden, was Gott schickt oder zuläßt.

Besorge deine Geschäfte mit Treue, sei aber überzeugt, daß es kein so wichtiges Geschäft gibt wie das Heil deiner Seele.

28

Wenn nicht geschieht, was wir wollen, dann wird geschehen, was besser ist für uns.

Glücklich die Seelen, die kühn und stark die Werke in Angriff nehmen, zu denen Gott sie anregt, die aber jederzeit bereit sind, sie aufzugeben, wenn sie erkennen, daß Gott es so will.

29

Mein Gott, was für Umwege macht man, bis man nach Hause kommt, wenn man nicht geführt wird!

Man müßte die Frohbotschaft darlegen auf eine angenehme erzählende Art, die die Neugierde weckt. So würde der Leser mühelos den wohlschmeckenden Köder schlucken, der ihn aus dem Meer der Sünde herausziehen könnte.

30

Sei einfach! Einfachheit ist der schönste Schmuck.

Johannes XXIII.

Gedanken

Einführung

„Wie viele arbeiten im Vatikan?“ wurde Papst Johannes von einem Besucher gefragt. Die Antwort Seiner Heiligkeit war kurz: „Etwa die Hälfte!“

Das war Papst Johannes: einfach und heiter wie ein Kind.

Als er Papst wurde, hörte man ihn jammern: „Warum hat mich Gott so wenig fotogen gemacht? Er wußte doch, daß ich Papst werden würde!“

Sicher war er keine „Schönheit“. Und doch, welch prächtiger Mensch! Nach Thomas von Aquin ist Schönheit „die Ausstrahlung der inneren Vollkommenheit“. Und diese echte Schönheit hatte der Roncalli-Papst (1881–1963).

Er hatte wirklich ein warmes Herz. Als er während des 2. Weltkrieges in Konstantinopel war, brachte er es fertig, ein Schiff mit 650 jüdischen Kindern in letzter Stunde vor den Nazis zu retten. Das haben ihm die Juden nie vergessen. Für Papst Johannes gab es eben keine Außenseiter. Er bekannte sich zum salesianischen Grundsatz: „Das Verbindende, nicht das Trennende suchen.“ So hat er ein Konzil einberufen, das zum erstenmal nicht Irrtümer verurteilte, sondern in allem das Positive suchte und Brücken baute nach allen Seiten.

DEZEMBER

Nächstenliebe beginnt mit Achtung und Höflichkeit.

1

Ich bitte alle und empfehle allen: Liebe, Liebe, Liebe, im Denken, im Urteilen und im Reden!

Was Würde verleiht, ist nicht das Vermögen oder
der Adel der Geburt, sondern die Würde des Lebens,
der Tugend, die Würde der Arbeit.

2

Laß dich nicht beirren von verrückten Ideen,
die im Umlauf sind.
Überleg mit deinem Kopf und nicht mit dem der anderen.

Stellt euch nicht auf die Seite derer, die immer Kritik üben,
denn kritisieren ist leicht, aber handeln ist schwer.

3

Die Kirche ist kein Museum für Altertümer. Sie ist
wie ein alter Dorfbrunnen, der den heutigen Menschen
genauso wie den früheren das Wasser spendet.

Man muß lernen zu leiden, ohne auch nur merken
zu lassen, daß man leidet.

4

Freilich stechen und schmerzen auch die kleinen Kreuze.
Man muß sie aber mit großer Geduld zu tragen suchen.
Meistens hängen sie ein wenig von den Fehlern
der anderen und ein wenig von unseren eigenen ab.

Versuchen wir, mit den Schwierigkeiten des Lebens fertig zu werden, indem wir unseren Herrn betrachten, der so viel für uns gelitten hat!

5

Ich sorge um nichts anderes, als Tag für Tag den Willen des Herrn zu tun. Glaubt mir, das ist das schönste Leben.

Jede Form von Mißtrauen oder Unhöflichkeit, vor allem gegen die Kleinen, die Armen, die Geringen – jedes absprechende und unüberlegte Urteil bereitet mir Schmerz und tut mir im innersten Herzen weh.

6

Die Wahrheit ist nur eine – die des Evangeliums: Verzeihen und vergessen können, Böses mit Gutem vergelten und immer an die Worte Jesu am Kreuz denken: „Vater verzeih ihnen! Denn sie wissen nicht, was sie tun."

Die Nächstenliebe ist wie die Keuschheit eine zarte Tugend. Man kann sie rasch verletzen. Und die Verantwortung, die man beim Verstoß gegen sie auf sich lädt, wiegt schwer und bringt kein Glück.

7

Sich immer in die Haut der anderen hineindenken, auch wenn diese nicht immer in allem recht haben und sich nicht immer vorbildlich benehmen.

Wir sollten nicht darunter leiden, wenn wir beim Gebet zerstreut sind. Das Gebet ist Erhebung des Geistes zu Gott, daran müssen wir festhalten.

8

Die Worte des Gebetes sind nicht so wichtig. Auch eine gute Mutter ist zerstreut, wenn sie im Haus hierhin und dorthin läuft, aber ihr Herz ist immer bei ihrem Kind, das in der Wiege schläft.

Das Gebet ist ein Hören auf Gott hin, ein Reden mit Gott und ein Schweigen mit Gott. Es fragt, was ihm gefällt, und ist mehr Anbetung und Dank als Bitte. Der Herr weiß ja, was wir brauchen.

9

Ein Tag ohne Gebet ist wie ein Himmel ohne Sonne, wie ein Garten ohne Blumen.

Was ist denn unser Glaube und unsere Frömmigkeit wert, wenn wir jetzt im Leid nicht ein wenig auf den Herrn vertrauen?

10

Wenn dir irgend etwas zustößt, was deine Eigenliebe kränkt, laß es nicht in deinem Innern kochen und brodeln. Beseitige es sofort durch einen guten Akt der Demut und Höflichkeit.

Das Christentum ist nicht jene Summe von bedrückenden Verpflichtungen, wovon der Unglaube phantasiert; es ist vielmehr Friede, Freude und Liebe, es ist Leben, das sich ständig erneuert.

11

Seid in ruhiger Sicherheit und mit demütiger Bescheidenheit auf Großes bedacht und auf Großes ausgerichtet und dabei weder durch Widrigkeiten niedergedrückt noch im Erfolg überheblich.

Der Herr hat mir viele Freuden beschert, weil ich mich daran gewöhnt habe, nicht die Fehler der anderen unter die Lupe zu nehmen, sondern daran zu denken, daß auch ich meine Fehler habe.

12

Meine Veranlagung und meine Erziehung helfen mir, allen gegenüber liebenswürdig, nachsichtig und geduldig zu sein. Der heilige Franz von Sales ist darin mein großer Lehrmeister.

Leider neigen viele dazu, jedes körperliche Leiden auf Erden als absolutes Übel zu betrachten. Sie haben vergessen, daß das einzige wirkliche Übel die Schuld ist, durch die Gott beleidigt wird.

13

Die Freude ist die untrennbare Freundin der Selbstüberwindung. Die Eigenliebe lähmt die Entwicklung des Geistes und macht uns traurig. Die Selbstüberwindung führt zum Leben, zur Heiterkeit, zum Frieden.

Etwas Heiterkeit in der Familie ist ein großer Trost für alle.

14

Der Friede verlangt viel Verständnis und Großmut, denn auch wenn man sich gern hat, gibt es immer etwas, was dem einen oder anderen mißfällt. Da ist die heilige Geduld, die Quelle des Glücks, nötig.

Gutes sagen, wenn es möglich ist, und lieber nichts, als etwas Böses sagen. So erspart man sich Verdruß, und der Herr gibt seinen Segen.

15

Ich werde es mir zum Grundsatz machen, alle und alles anzuhören, es zu bedenken und zu studieren, mein Urteil sehr langsam zu bilden und nicht geschwätzig zu sein.

Was ist das Christentum? Das Christentum, das ist Liebe, die sich immer weiter ausbreitet unter allen Menschen, ohne Unterschied von Volk und Rasse.

16

Gerade in dieser Zeit, da der Egoismus die allgemeine Lebensregel zu werden droht, haben wir die Pflicht, selbstlose Liebe und christliches Dienen den Menschen vorzuleben.

Unzählige leidende, kranke und einsame Menschen rufen beständig nach unserer Hilfe und sollten nicht vergeblich warten müssen.

17

Sind wir nicht alle Kinder Gottes? Also dürfen wir uns nicht von unseren Brüdern abwenden, als ob wir gegenüber ihrer Gesundheit und Arbeit, ihren Sorgen und Mühen gleichgültig wären.

Ein paar kleine Unwahrheiten in meiner Kindheit haben in meinem Herzen den Abscheu vor Doppelzüngigkeit und Lüge hinterlassen.

18

Ich danke dem Herrn, daß er mir die besondere Gabe gewährt hat, immer – selbstverständlich mit Takt und Liebe, aber in Ruhe und ohne Furcht – die Wahrheit zu sagen.

Vereinfache das Komplizierte und kompliziere nicht das Einfache!

19

Wenn wir uns nicht allzu wichtig nehmen, wird das Leben viel schöner. Denn wir merken allmählich, daß nichts von dem wahr ist, was wir uns einbilden, wenn wir uns gekränkt fühlen.

Wenn sie die Albernheit so vieler Modetrends feststellt, verspürt die Jugend das Sehnen nach etwas Festem und Gültigem, um sich ihm mit allen Kräften der Seele hingeben zu können.

20

Dieses tiefe Verlagen, das aus dem Grund ihres Seins aufbricht, wird nicht enttäuscht. Es wird gestillt durch die Gestalt, das Wort und die göttliche Kraft unseres Herrn Jesus Christus.

Das Christentum bringt einen wahren Schatz an Weisung, Führung, Tugend und Substanz, aus dem jeder schöpfen kann, der – auch wenn er der Kirche fern steht – Sehnsucht nach der Wahrheit spürt.

21

Zu allen Zeiten ist es die Aufgabe des menschlichen Verstandes, die Stimmen der Jahrhunderte zu sammeln und die gute Lehre weiterzureichen und dabei den Blick in die Zukunft zu weiten.

Meine Kinder, die Versuchungen sind stark und die Gefahren groß. So ist es heute, so wird es immer sein.

22

Die Versuchung ist dreifach: Das Geld vor allem, das eine unheimliche Anziehung hat; die Machtgier, die unersättlich ist; das Genießen, das zur Nachgiebigkeit und Schwäche führt.

Wirklich, wenn man manche dieser Illustrierten sieht, die unsere Straßen und Plätze überfluten, könnte man verzweifeln. Es ist erschreckend, wie da der Mensch entwürdigt und die Wahrheit entstellt wird.

23

Man muß sich gegen diese schlechte Presse wehren, wie man sich gegen Einbrecher wehrt. Aber noch besser ist es, das Gute, die Wahrheit, echte Vorbilder aufstrahlen zu lassen.

Was immer man heutzutage liest und hört, man spürt besonders lebhaft das Fieber, die Unruhe und Ängste der Menschen. Woher kommt diese hektische Unruhe?

24

Das Alte Testament erzählt uns von der Anbetung des „goldenen Kalbs". Auch heute dreht sich die Welt um das Gold. Sie sucht rastlos nach Geld und Genuß.

Als christliche Andachtsübung unter den Gläubigen des lateinischen Ritus ist der Rosenkranz eine Form der Vereinigung mit Gott. Er erhebt den Geist und erfüllt ihn mit Frieden.

25

Wie schön, wenn jung und alt die Lehre des Evangeliums, unsere Vorbilder Jesus und Maria, in den „Geheimnissen" des Rosenkranzes betrachten!

Es ist für alle Christen ein Grund zum Trost und zur Genugtuung:
Die Welt versteht noch die Sprache der Liebe.

26

Wenn ich eine Mauer zwischen Christen sehe, versuche ich, einen Ziegelstein herauszuziehen.

Wie könnte ich die zehn Jahre in Sofia und die anderen zehn in Istanbul und Athen verbrachten Jahre vergessen! Ich hatte zahlreiche Begegnungen mit Christen verschiedener Bekenntnisse.

27

Wir haben nicht „Worte gemacht", sondern gesprochen, wir haben nicht verhandelt, sondern haben Liebe erwiesen.

Die Beziehungen zwischen den Nationen müssen vor allem auf Wahrheit beruhen. Die Wahrheit verlangt, daß es in diesen Beziehungen keine Diskriminierung der Rassen geben darf.

28

Wenn ihr euch für die Wahrheit einsetzt, setzt euch für die Brüderlichkeit ein. Irrtum und Lüge trennen die Menschen; die Wahrheit führt sie zusammen.

Millionen von Menschen auf der Welt leiden Hunger. Weitere Millionen, die zwar nicht direkt hungern, haben nicht die genügende Menge Lebensmittel zur Verfügung. Dies sind Tatsachen.

29

In einer Welt, in der die Entfernungen zusammengeschrumpft sind, kann niemand mehr sagen, daß er die Not seiner Brüder nicht kenne und dafür nicht zuständig sei. Wir sind alle verantwortlich.

Warum benutzt man den menschlichen Geist
und die Reichtümer der Erde dazu,
um furchtbare Waffen herzustellen, statt daß man sie
zur Hebung des Wohlstandes aller Völker, besonders
der notleidenden, verwendet?

30

Ihr Führer der Nationen! Hört auf die euch anvertrauten Völker! Was verlangen sie, was erflehen sie von euch? Nicht neue Schreckenswaffen, die Ursache von allgemeiner Vernichtung werden können, sondern Frieden.

In unserer Zeit verlieren viele den Mut angesichts des Unheils, das unsere Welt bedroht. Sie sind versucht, aufzugeben wie der Prophet Jonas, der traurig im Schatten eines Baumes saß und auf den Tod wartete.

31

Nur die Kraft des Heiligen Geistes kann uns im Kampf für das Gute stärken.

Weiterführende Literatur

Walter Nigg, Große Heilige. Von Franz von Assisi bis Therese von Lisieux. Mit ausführlichem Quellennachweis. Zürich: Diogenes 1990.

Gisbert Kranz, Werke in Einzelausgaben. Biographien. St. Ottilien: EOS 1998–2000.
Band 1: Zwölf Frauen
Band 2: Zwölf Reformer
Band 3: Zehn Nothelfer
Band 4: Zwölf Kirchenmänner
Band 5: Acht Despoten

Gisbert Kranz, Europas christliche Literatur. München: Schöningh 1968.
Band 1: Von 500 bis 1500
Band 2: Von 1500 bis heute
(In allen größeren Bibliotheken erhältlich).

Pierre Lefèvre, Aus dem Leben lernen. Große Wahrheiten in kleinen Geschichten. Leutesdorf/Rh.: Johannesbund Verlag ^{8}2001.

Pierre Lefèvre, Heilige Europas. Zwölf Monatsbüchlein. Leutesdorf/Rh.: Kath. Schriftenmission ^{7}1993.
(Diese „Monatsbüchlein" entsprechen den einzelnen Kapiteln in „Schätze der Spiritualität" und sind gesondert als Heftchen, sofern noch lieferbar, erhältlich. Tel.: (0 26 31/97 61 92).

Anton Birklbauer, Don Bosco. Lebensbild eines ungewöhnlichen Heiligen. München: Don Bosco Verlag 1998.

Wilhelm Hünermann, Der Pfarrer von Ars. Johannes Vianney. Innsbruck: Tyrolia [13]2004.

Joseph Bernhart, Thomas Morus. Weißenhorn: Anton H. Konrad Verlag 1998.

Barbara Beuys, Denn ich bin krank vor Liebe. Das Leben der Hildegard von Bingen. München: Hanser 2001.

Anton Rotzetter, Antonius von Padua. Leben und Legenden. Kevelaer: Butzon & Bercker 1995.

Gianfranco Grieco, Maximilian Kolbe. Sein Leben. Würzburg: Echter 2002.

Luigi Mezzadri, Vinzenz von Paul. Leidenschaft für die Armen. Mainz: Matthias Grünewald [2]2003.

Elisabeth Münzebrock, Teresa von Avila. Freiburg: Herder 2004.

Hans Berghuis, „Nichts so sehr als Mensch …" Franz von Sales – der liebenswürdige Heilige. Eichstätt: Franz Sales Verlag 1992.

Freddy Derwahl, Johannes XXIII. Ein Leben für den Frieden. München: Pattloch 2004.

Maria Otto / Franz Johna, Johannes XXIII. Weisheit eines weiten Herzens. Freiburg: Herder [3]2001.